教育
发现

做新教师，从教育发现开始

教育发现

JIAOYU SUZHUANG YU LIXIANG JIAOYU

教育诉状与理想教育

梁恕俭 著

山东文艺出版社

序：一个人的教育史

李炳亭

梁恕俭是我的山东老乡，曾经是一名出色的语文教师。后来随夫人迁居北京，再后来因为某种机缘，进入中国教师报做文字编辑。

恕俭是一个很勤勉的人，他一直躬身于文字行走，多年来陆续发表了不少教育佳作，尤其是他的博客，集合了他对教育的全部情思，是他特意开启向世界表达善意的心窗，是他安放灵魂的城堡，是他可以不受种种羁绊、随心所欲的王国。我很羡慕他，他就是那个自由无疆域"国度"的"国王"，而那些文字，正是任由他调遣的"将兵"。这样一个精神独立的人，他的存在无疑有着独特的魅力，难怪他能成为很多网友心目中有着感召力的"领袖"。我因此又要寄望他，能以更大的格局来担当今天教育赋予我们的伟大使命。对恕俭而言，他必须清楚，这样一个受到网友热捧的"自媒体"不再是一个简单的"私媒体"，他必然地要从"个人"走向"公众"，从"自我"走向"利众"，从"思考"走向"建设"，从"包容"走向"针砭"，站在时代的前沿，去引领教育将要到来的这场伟大变革。

如今他的文字就要结集出版了，对于像他这样有着"漂泊感"却又意志坚定的人，算是一个"大事件"。他这样写道：

每个人都在用不同的方式书写着自己的人生历史。我现在就把"博客"当成了"历史",把这本书当成了《梁恕俭传记》。望着日渐丰满的博文,那是怎样的一种享受啊!仿佛欧也妮·葛朗台在查看他密室中的财宝,仿佛计件工人正在清点自己的产品以便领取薪水;仿佛梦想家的希望正在一点点实现……回顾自己的文字就像凝望自己的孩子,那是圈外人难以体验的心情。

然而,这又不仅仅是把思考变成铅字这般简单的事情,从教师到编辑,职业的转换并未销蚀和迷失他日渐强烈的角色感和深深的教育忧患意识,他"志在教育",这样说:

> 教育本是一项传承人类文明、铸造民族精神的经天纬地的公益事业,却被升学率、择校费、课外班……搞得乌烟瘴气,乱象丛生。
>
> 上学本是获取知识、培养能力、发扬精神的一件乐事,学生却被弄得昏昏欲睡、焦头烂额、疲惫不堪,"今天睡好觉,明天不跳楼"竟成为中小学生乞求的底线。
>
> 教育,我为你悲泣!

但假如你以为他只会发发牢骚、抱怨几句那又错了。就在前不久,我告诉他,如果有机会,我依然希望他能在课堂上,在我看来做一个真正的教育"行者"远远比做一个教育"作者"更有价值,教育的源头在课堂。他的确开始"溯源"而上回到了课堂,不是"重操旧业"而是"创造新篇",我当然相信,基于他现在的"认知"水平和"职业"水准,根本不可能再容忍自己"传统"下去了,他早就超越了某些传统"名师"很多倍了,当某些专职教师依然在苦恼于课改很难时,他这样说:

> 课改并无玄妙,只要厘清一些概念,回到源头上审视常识,往往会

有顿悟之感。比如："学校"之所以不叫"教校",可见"学"比"教"重要得多;"教学"——"教"的其实是如何"学";"学生"——"学"之重点在"生成";"生成"——没有"学生"的参与什么也"成"不了;"生动"——唯有学生动起来,才有课堂的精彩。

　　当然,身为一个编辑,文字依然是他现在主要的生活方式,这是他的"教育史",也是很多和他一样曾经为教育纠结、在命运中挣扎、在精神中求索的教育人共同的教育史。于这些人,这部书可能会映照、呼应、投射出共同的阅读感佩。当然,这是一部署着他名字的书,因而我要特别祝贺他,希望这些带着他体温和呼吸的文字,既能成为他生命过往的"集结",又能成为他思想和精神新的"出发"。我欣赏他的这样一段文字,借用来作为这篇序的结尾——

　　写作到底为什么?不为名誉,不求财富,就为做个最好的自己,让时光不虚度,让青春有作为。今番博客的盛行给爱好写作者提供了绝佳的舞台。看到那些妙笔生花者日博一文,更是找到了学习的榜样,而榜样的激励作用是无穷的,在互相争鸣暗中较劲的氛围里,思想的火花便随处迸发,美妙的文章也就应运而生了。

目 录

序：一个人的教育史 李炳亭

第一章　教育悲歌

教师挥刀自伤折射师道尊严的没落　/ 3

可歌可"泣"的教育名片　/ 5

分数与品质哪个更重要　/ 14

差生苦　/ 16

转化一个差生比培养十个优生还重要　/ 18

传统课堂的十大弊端　/ 20

李炳亭给传统课堂打0分偏激吗　/ 28

第二章　上下求索

三尺讲台，我挚恋的情人　/ 33

我的理想教学观　/ 38

教育诉状与理想教育　/ 39

让学生在课堂有尊严地活着　/ 44

教育到底是什么　/ 47

教育家从哪里来　/ 51

向李镇西学习什么　/54

学生为什么这么"欢" / 60
我有一个梦想 / 68

第三章　论道课改

李炳亭突围 / 73
杜郎口能否催生教育新时代 / 77
课改十年，我在干吗 / 80
课改为何这样难 / 83
课改到底改什么 / 93
课改，从颠覆概念开始 / 99
课改路上，谁能绕过这些难关 / 103
从课改中寻找幸福 / 108
不自学，毋宁死 / 113
以学生的学评价教师的教 / 116

第四章　高效课堂

课堂即情感 / 123
要舍得把讲台让出来 / 127
分数从哪里来 / 130
高效课堂为什么需要模式和规则 / 141
一堂好课的十条评价标准 / 144
自主学习369 / 149
新课程理念下合作学习能力的培养 / 157
课堂展示的三重境界 / 163
探究有门，误区莫进 / 167
导学案编制"八项注意" / 170
重视学生的生活体验 / 174

第五章　班级管理

教师对付学生需要用"兵法"吗 / 183

班主任说教技巧 / 186

班级文化，润"人"细无声 / 191

"三好学生"评选之我见 / 194

什么样的班主任最受欢迎 / 196

煞费苦心的操行评语 / 198

第六章　诗意语文

每课一诗好句集锦 / 205

每课一诗集锦 / 208

如此教《雷雨》，天下无二人 / 211

绝句写作的基本常识 / 214

趣说对联文化 / 218

我最得意的几次"导入" / 226

由绝句的起承转合谈写作 / 231

我对作文的理解与阐释 / 238

多种文体写高考 / 243

第七章　笔耕执着

20年目睹之教师节 / 249

那年那月那诗箱 / 252

才懂得青春 / 255

有梦还怕夜长吗 / 257

读书·教学·写博 / 260

教师报编辑一周工作写真 / 263

理想的中国教师报人 / 265

附 录

附一:突如其来的感动 / 271

附二:这就是我坚持写博的动力 / 279

附三:谁见过如此奇特的语文老师 / 284

附四:遥远的春天 / 290

第一章
教育悲歌

　　教育本是一项传承人类文明、铸造民族精神的经天纬地的公益事业，却被升学率、择校费、课外班……搞得乌烟瘴气，乱象丛生。

　　上学本是获取知识、培养能力、发扬精神的一件乐事，学生却被弄得昏昏欲睡、焦头烂额、疲惫不堪，"今天睡好觉，明天不跳楼"竟成为中小学生乞求的底线。

　　教育，我为你悲泣！

教师挥刀自伤折射师道尊严的没落

2010年7月3日,郴州市九中举行暑假典礼。政务处主任何海滨在将一名未穿校服的学生拖到办公室时引发肢体冲突。随后家长赶到学校当着上千人的面把何海滨从升旗台拖下。7月27日,在调解纠纷的会上,家长拒绝道歉,何海滨用刀愤而自伤。(2010年8月12日《中国青年报》)

忍字头上一把刀,年过不惑的何老师没有忍住,为什么?显然是"愤"太大!有知情者评论说:学生家长敢在上千人面前将老师拖下升旗台,可见其狂妄;能指使教育局处理何老师可见其后台之硬;恶人先住院称学生有心脏病,可见其狡诈。何老师得罪的不是一般人的孩子,别无他路也只有自残可选。

再看处理经过,7月7日,学校宣布四条处理意见:向学生及家长道歉;承担全部医疗费用;老师一年之内不能评先评优、晋职晋级;全校通报批评。可因为嫌老师的道歉不及时没诚意,家长13日通过主管部门又是施压,又是批条,想让何老师彻底臣服。27日,何老师仅仅希望能在教育局领导的调解下互相道个歉,挽回点面子。可是,家长当面回应:"我们对你的道歉表示接受。此事到此为止。针对学校的处理,我还要提两个要求:第一,要求学校、教育局以此为戒,把此事作为反面教材,并按要求对相关部门作出一个回复;第二,我孩子还要在九中学习一年，希望学校不要歧视他，更不要打击报复。"

得饶人处不饶人，还不想受打击报复，可能吗？兔死狐悲，一伤众寒。孩子面临的不仅仅是教师的"冷暴力"，同学之间的沟通和交流也将受到严重影响。毕竟，何老师并没有不可饶恕的错误，作为政教主任，管理不守纪律的学生，完全是分内的职责。何老师对待学生的方法只是简单些，急躁些，家长应该明白，管理是教育的一部分，如果没有束缚，孩子想干什么就干什么，那还要教育干什么？玉不琢，不成器，培养孩子有规则意识是教师的天职。家长不能因为老师严厉些就袒护着孩子，这会滋长孩子的不良习气。

这则报道中附加的评论耐人寻味：现在老师碰见比较难管的学生，一般先考虑的是能不能管，而不是该不该管。好多时候，"该管"而"不能"管（或不敢管），这才是教育没落的根源。过去虽穷教师却受人尊敬，当前教师犹如弱势群体，禁令缠身，动辄得咎，再加上学生个个都是宝，家长绝不肯让独苗吃半点亏，多种因素慢慢把学生惯成了爷。师生间无论是何种冲突，在学校领导眼里，一定是自己学校的老师惹麻烦了，宁可让老师吃点亏息事宁人，这才有了何老师的挥刀泄愤。显然，这是一个共输的结局，仿佛一个大茶几，上面摆满了"杯具"！

当年，"一日为师，终身为父"，"天地君亲师"还将老师的地位与父母比邻，今天，"尊重、和谐"是主旋律，"朋友、平等"是硬道理。当年是越严越亲，今天是越敬越远。师道尊严的反转已将师生关系扭曲得不伦不类。师生地位"矫枉"的同时是否"过正"？源远流长的儒家礼义要不要生存？师道尊严的历史传统要不要维护？师道尊严这张皮之不存，授业解惑的毛又将焉附？这是全社会都该思考的问题。

"可歌可泣"的教育名片

在河南,有一所濒临倒闭的民办学校幸得一位专家校长,短短三四年一跃成为当地"教育的名片",成为八方朝拜的楷模,成为"中国一流,世界闻名"的典型。

百闻不如一见,我陪一位慕名的校长辗转千余里专程"朝圣"。一进校门听课费(又名培训费)每人每天 30 元,我们下午四点到也算一天。接待室里摆着许多"校"特产,一袋书 200 元,教师的授课光盘 50 元每张,培训实况 100 元,校长的光盘 200 元……校内的住宿倒不贵,标准间 100 元,三餐 30 元。在校内宾馆安顿好,我迫不及待地挂上听课证乱转,并随手拍着文化墙。

校园真干净啊!干净到一尘不染。下午第四节课前,我有幸看到了学生打扫卫生和教师检查打分的情景:明明已经非常干净的玻璃,学生愣是用雪白的餐巾纸一点点地擦着;已经可以当镜子用的地板,学生蹲跪在地上用手帕式的抹布一点点地擦;还有学生将垃圾桶当餐盒般擦得锃亮……检查的老师有四五个,一会儿探讨着墙壁上污点的新旧,一会儿考察着讲台底下有没有卫生死角,一位个矮的女老师还踮起脚尖摸一摸空调上方有没有灰尘……除了震撼,还是震撼!

这里的墙壁都会说话,甚至电线杆上都贴着语录。大大小小的师生照片,张贴得难计其数。每班教室外面都有一张宣传栏,栏目大致有:

教师风采、班级委员、光荣榜、新闻台……核心位置则是班组过关红旗表，还有两条数据也惹人注目，一条是"本班上周纪律得分 XX 分，在年级部排 XX 名"，另一条是"本班上周卫生得分 XX 分，在年级部排 XX 名"。办公室的外面则贴着学生评教反馈数据、教师决心书等，详细地写着谁的讲课好、谁的成绩高、谁的教学基本功扎实——按理说，有些排序是难以操作和不宜公开的，但在这所学校习以为常。比如，本办公室里共七个成员，怎么比谁讲课好？我看大多数办公室外墙上这样操作：用 A4 纸、大大的黑体字、三排（每排两个人名）。那未上墙的，估计就是倒数第一了。而"决心书"最有意思，在分析完学情和制订好措施后，在明确表态位次时，几乎每位老师都这样写：力争市第一，有的还要加上句，比市第二名要拉开至少五分。我愕然，一个学科组就有四五位老师，都争市第一，市里能产生多少个第一呢？

　　这里教室的后黑板上，统一印着"堂堂清、日日清、周周清、月月清"统计表，所谓"清"就是学习的知识要掌握，测评要达标。每个班的后面都张贴着学生的成绩单，不及格或低于某个分数就视为"未清"，其所在的学习小组要受牵连，老师要时时想着"四清"。晚上在初一某教室观摩，英语老师要求十个学习小组长对调互查，并将查出的七位不会默单词同学的名字写在前面黑板上，勒令"课课清"。晚上 9 点后在宿舍看到一名初二的同学在给另一位同学讲数学题，我问"明天讲不行吗？""不行，要做到'日日清'，我们是一个学习小组的，我还是组长，他不会要扣分的。"在另一层宿舍，看到一位女教师在给一位洗着脚的男生讲题。我没敢打扰，只是觉得了"四清"的可怕。

　　下午，有件非常遗憾的事——没能参加高二年级月考总结会。寻找时经历了一番周折，我们仅落座一分钟，会议就结束了。不过，散场也是一道大餐，且独具风味。会议最后主持人点评听会纪律，表扬了两个班级，各加五分；批评了一个班级，扣掉五分。离场时十多个班何时起来听课的有 200 人，据说最多时达 800 人。还有一点需要说明，来此一整天，除了这次做操，操场无其他利用，为了迎接复习考试，音体美课早就停了。

第三节课，我们楼上楼下地转了好多教室，先在窗外瞅一眼，感兴趣就推门进去听一两分钟，学校的师生已经习惯被监督（校长室对门是监控室，各班情景如在目前）和打扰了。我们还想找老师闲聊聊的，可多数老师不热心，只顾忙自己的事情。第四节，是校领导专门对听课老师作报告，原以为是校长讲的，结果是小学部的校长。报告的内容无非是谈他们的管理制度，谈他们的高压政策，谈他们的辉煌成就。

就"四清"问题，该负责人说：堂堂清，先学后教，后进生怎么办？一靠检查督促，二靠同学帮扶，三是老师补课，四是适当降低要求。"堂堂清"清不了，"日日清"就困难。着力点放在课堂教学上，只准许个别的差生存在问题，绝大多数学生要完成任务。周周清，可以采取口试、笔试等多种形式，检查的内容以基础知识为准，书上该会的，统统背，甚至连语文课后的注释都不放过，读得多了，滚瓜烂熟，基础自然扎实。月清，是学部与学部竞赛，比知识点的过关率。每个月都搞过关的竞赛活动，掀起了"比"的高潮。月清不过关，不能回家，老师要留下来补课，促使他们过关。老师还要自己买饭吃（平时是供应的）。

这里的师生都是住校的，每半个月休息两天。如果"月清"不过关，师生都要主动留下来，什么时候过关了，什么时候才能"探"一次家。关于"月清"，我们拿到一份文件，说来给大家分享。

××学校元旦节前"五比"的具体操作方法

一、比月清（人人全册书知识点一一过关）

1. 本周（12 月 25 日前）各学部停课，组织学生自背、互背全册书知识点，一定要达到该记忆的都熟，不熟的做上记号，反复读熟。

2. 各学部内部抽查。方法是：年级与年级之间，同科目的老师对调出知识点背诵检测题（填空、问答）200题，每道题0.5分，内容应覆盖面广，为容易错的知识点。对调监考、阅卷、登分、统计，要比哪一个班好，哪一科的平均分为100分。真正达到"人人清"。

3. 如抽查（默写）结果不达标的班级应停课，让学生突击读、背，课外也要继续突击读、背。

4. 学校抽查。12月30日，学校组织学部之间互查，学校组织出好默写试卷、监考、阅卷、登分、统计，如抽查结果知识点达不到一一过关，该记忆的还不熟的学生，元旦节可不回家，由任课老师帮助补读、补背，学校安排食宿。

5. 元旦节后，如有全册书知识点不能一一过关的班级，则该班继续停课，让学生读书，直到人人知识点都熟记为止。

（其他"四比"不再一一抄录了，分别是"比纪律卫生"、"比文明礼貌"、"比广播操"、"比作业优秀"。）

看完"比月清"，突然觉得所有的疑问都找到答案了。

午饭时间到了，我好奇，学生有没有午休，如果午休，又该是一道怎样的风景，不会推开餐盘立马钻进被窝吧？正猜测着，何校长拦住两位跑步奔向教学楼的小同学，她们只回答了"下午两点上课，午休时间可以进教室"就跑了，我们看着她们分秒必争的神态也不忍心多问。这里的校园不大，操场又锁着，楼外愣是看不到学生。12点20分，我们走进宿舍楼，问管理员作息问题。管理员（生活老师）指着牌子说："12点40至13点30是午休时间，可现在学习紧张，学生可以到教室学习，也可以在宿舍睡觉，只要不乱跑就行。"

宿舍楼里静悄悄的，我索性再到教学楼里看看，刚进一楼，看到的是初一的教室。我猛地一惊，仿佛在天安门广场发现了恐龙似的，嘴巴张得大大的，怎么也不敢相信自己的眼睛：全班同学一个不少，全部聚精会神，好似正在考试，老师站在讲台上扫视全班。此时是北京时间12点30分，距下午上课还有一个半小时。我到另外九个初一班级看，情景完全一样。可别的楼道里确实有游兵散卒啊，初一是怎么了，难道别的年级也如此吗？我只转了一二楼，除了高一年级，其余年级的学生都像上课似的，且都有老师辅导。最奇怪的，整个高一年级，班班教室都是空的，整齐到如此程度，我只能说"见鬼了"。

回宿舍同何校长一交流，何校长也感慨地说："这不是民办学校啊！是神办！"

什么样的管理能让师生脱离人性，变成学习机器呢？我们在与该校个别人的交谈中终于找到了答案。用一个字说是"比"，用两个字表达是"紧张"，用三个字解释是"有压力"，用四个字论述是"别无选择"……我们在与一位中层干部的交谈中得知，他和另一位副校长都刚来一个月，这儿的中层更换得非常频繁。我们和一位学生聊天，她的目标是减免两千元的学费；还有一位"调皮鬼"告诉我们他用功学习是因为想在元旦节前按时回家，而不是因"四清"不过关而被留下；有一位学习小组长告诉我们，他要帮他们的小组人人过关，否则全班受牵连……而老师无需交流就能想象得到背负的压力——月考是和工资直接挂钩的，考不好领导要指着头皮骂，饭碗随时都可能丢，更要命的，在这架高速运转的近乎疯狂的机器面前，作为流水线上的一个小螺丝，谁有勇气说出那个"累"字呢？

分数与品质哪个更重要

  学校有个初三男生，五门功课考不了 200 分，他把所有的聪明才智都用在了调皮捣蛋上，父母拿他没办法，老师上课时也常常把他赶到办公室以免影响其他同学。有一次，我看他在办公室闲得无聊，就与他谈心，问他有什么爱好，还专门陪他到心理健康教育中心下了盘围棋。自此，我们成了朋友，他有许多话愿意对我说，只是学习仍不用心，作业经常不完成。

  上周，因为发型问题，他被政教员老师强制剪了三次头。期间，我拍了拍他的肩膀，幽幽地说了句："受难为了！"他反安慰我说："没事！老师——闲着也闲着……"那一刻，我竟有种想哭的感觉，只是说不清：为谁？他不是我的学生，我属于狗逮耗子瞎操心。我教的学生也有类似情况，我尚无能为力，怎么可能去为全年级闻名的"老大难"鞠躬尽瘁呢！

  每当看着连"暗中赛高强"中的"高强"是什么意思都不懂的学生去背《出师表》，我就有种怪异的感慨；每当看到"柔和"与"春和景明"中的"和"词义有何不同的考试题，我就想骂娘；每当第九节课，看着学习疲惫不堪，一点学习兴趣也没有，我还要按教学计划照本宣科，我就想抽自己的嘴巴子……我时常想，给我帮孩子，让我连续教九年，我自编教材，我保证他们会爱上语文，还敢保证不怕任何考试——可这，可能吗？

"分数"与"品质"哪个更重要？这是个伪命题，答案不屑置辩。即使争论，因角色、角度、处境的不同，答案也可能截然不同。对品质无大问题的多数同学来说，分数是命根，考学是出路；对基础太差、学不进去，甚至已经厌学的同学来说，当务之急是解决他们的兴趣问题，需要因人而异地筛选适合他们的学习内容；对什么都不想干，连吃饭都懒得嚼的极端分子，培养他们的意志品质就是"胜造七级浮屠"。

2500年前，孔子就提出了因材施教，可在新世纪新北京，44位有着云泥之别的学生却要听同样的课，完成同样的作业，面对同样的试题——这是真正的教育吗？早在十年前，山东就搞大语文教育实验，起因传说是某中学缺一语文老师，校长安排这两个班的学生每到语文课就到阅览室去阅读，结果一考试，成绩一点也不比有老师教的差——可在新世纪新北京，每册配发的阅读教材无暇顾及，就连正规课本也删去了三分之二，原因是那些篇目不在考试范围内，最令人不可思议的是，范围小到——考察《西游记》的阅读，只需要知道孙悟空的性格——这是真正的语文教学吗？

每个教育者都知道，要让学生由"学会"到"会学"，由"要我学"到"我要学"，可现在初三了，有几个学生会学习呢？又有几个自发地呼吁"我要学"呢？知之者不如好之者，好之者不如乐之者。学习真正的秘诀不是刻苦，是快乐。当自发学习成为一种迫切需要，当学习过程如网络游戏般过关斩将，当学习收获如博客积分般有成就感，学习就进入了一种快乐状态，这种快乐是无与伦比的享受，是再创辉煌的憧憬，是喜迎未来的期待……可现实呢？是谁将学习的快乐谋杀了呢？

差生苦

谁都知道,现今社会,做学生最苦。他们起得比鸡早,睡得比狗晚,作业堆成山,考试似星繁。为了成龙成凤,他们在书山题海中苦苦挣扎;为了光宗耀祖,他们硬着头皮做着自己本不喜欢做的事。为了挤过高考独木桥,他们眼睁睁地让镜片一天天加厚;为了升个好名次,他们被迫无休止地加班加点,让睡眠的时间减了再减。苦哉!学生。难矣!为学。

可你知道吗?做学生苦,做差学生更苦。守着四角的天空,听着天书一样的课,抄着一窍不通的作业,背着鬼能听懂的外语,熬过一天又一天。班会课上,这个表扬,那个榜样,咱不挨批评就万幸;成绩榜上,这个探花,那个榜眼,羞得咱连打探成绩都不敢;家长会时,这个趾高,那个气昂,咱只有夹起尾巴,低头找地缝。容易吗?我们!

优生上课,考题和教材神通,谛听与讲授意会,质疑邀解惑共舞,不时还有表现的机会与成功的快感,一节课恰如抽支烟。差生上课,欲听不懂,想学不会,做题干瞪眼,考试只能抄。久而久之,索性破罐子破摔,任性而为,得过且过。不时还要无条件接受批评与惩罚,差生上课恰如蹲监,度日如年。

差生清醒时,头脑也会发热,向善之心驱使他们要向优生那样好好学习,天天向上,雄心壮志也会令他们摩拳擦掌,跃跃欲试,可三分钟热度过后，一切归于沉寂。经过几次这样的升腾与幻灭，学生会对学习的欲望消耗殆尽，这时，一个标准的差生就诞生了。

　　差生旺盛的精力用不到正地方来，必然要在捣乱游戏方面做点文章。于是乎，搞个小动作，说个奇巧话，琢磨打游戏，寻思上网吧，要不就写封情书谈个恋爱，或翻墙逃学装病请假——反正学生守则上不允许的都是差生最想干的。差生上课昏昏欲睡，课间则生龙活虎，午休时间看小说，躲进被窝发短信，玩累了，课上正好打盹，睡醒了，下课再去胡闹。

　　学习的落后导致品行的不端。老师把差生当另类，差生则视老师为异端。志不同则语不合，语不合则不相为谋，可不是冤家不碰头——不谋又不行，真可谓针尖对麦芒，争斗没商量。在这种力量极不对称的抗争中，教师常有理，差生全是错，因为"胳膊"拗不过"大腿"，所以"鸡蛋"与"石头"碰撞的结果只能是差生检讨再检讨，停课，直至开除。

　　做学生苦，做差生更苦。优生只需专心致志地读书，什么忧烦都没有，憧憬美好前景时还洋溢着自豪与兴奋。而差生则要考虑怎么去玩，怎么逃避老师的监督与家长的惩罚，做贼似的，玩亦不尽兴难开心，想起以后的出路更是垂头丧气，可怜无比。时间在优生眼里是知识是财富，而在差生眼里却是煎熬是烦躁。玩乐诱惑不了优生却让差生欲罢不能，欲拒还迎。那种抓耳挠腮的坐卧不宁，那种左右为难的扼腕喟叹，那种家长老师的两头诘难，能折磨得差生人不人，鬼不鬼，欲生无路，寻死不舍。

　　差生苦，苦于吃黄连。

　　老师们，家长啊，给他们找条出路吧！

转化一个差生比培养十个优生还重要

某年哈市小学毕业考试期间，红军小学六年级学生小何因学习成绩不理想，被他人代考，他则被班主任锁进了学校实验室。记者对此事调查发现，此事并非一次简单的偶然的"禁考"，在三到六年级的几年中，该名学生因学习成绩差先后三次被"禁考"，并且这种弄虚作假的行为并非个案。（2006年8月4日《生活报》）

笔者有着15年的教龄，对这样的新闻看得如"狗咬人"一般。说实话，在应试教育死而未僵的今天，为了提高"班平均"成绩而不让后进生考试或找人代考的现象屡见不鲜。究其原因，功利心在作怪。那么，代考能给这位班主任带来多少名和利呢？答案是微乎其微——即使班平均成绩提高个两三分，也说明不了什么问题，涨工资更是妄想。那么，"禁考"给这位成绩不理想的小何又带什么样的伤和痛呢？小何在父亲的逼问下只会哭泣——他还搞不清荒废学业意味着什么。

"损人十分，利己一厘。"如果斥责那位班主任，她可能感觉委屈。在弄虚作假成风的大环境下，她只不过耍了个小聪明。在她眼里，小何考不考试无关大体，反正小何成绩很差，反正考了也是丢脸，还不如代考各方均体面。她可曾想过，被锁进实验室的小何得到了什么样的教育？长大后会成为怎样的人？谁为他的前途负责？谁有权剥夺他的考试权？显然，"差生"的命运没进入这位"差师"的视野！

慨，这得需要多少工夫？人的精力到底有多少？成绩的背后还有哪些看不到的辛酸和汗水？

快 9 点时，在行政二楼，看到 20 多位管理者在开会，很想听听，但不好意思推门。透过玻璃门，能看到每一位与会者都是正襟危坐，都在认真记录。转了一个晚上，实在累了，回到校内宾馆。半小时后，突然有阵响亮而又整齐的声音传来，推开窗子，激动人心的时刻来了，数千人的大校园终于有点动静了。我们急忙跑出去，原来是学生下了晚自习排队回宿舍。教室离宿舍有一百米，学生要排成四队，在通过一位检查老师的手电筒前开始背诵，多是唐诗宋词，也有背古文定理的，都是班长起头，学生扯着嗓子狂喊，比哪个班整齐响亮，还要比哪个班队形整齐划一，夜幕下，真是一道风景啊！我们站在中间，看到宿舍楼前，队形至终不乱，很是纳闷，男女生是如何分开的，难道还要排队爬楼梯？为了解开这个谜，我们跟随一队，从始至终。原来，四队是男女分列的，到哪个楼门口，到站的自动出列，余者继续排队前行，而且，就剩一队，也依然喊着口号。

我们跟上宿舍楼，在那 20 多分钟的就寝时间里，再一次感受到了学生的忙而不乱、紧张有序和见缝插针地补习功课。一会儿工夫，灯全灭了，整座楼鸦雀无声。我们在楼前和一位生活老师交谈，得知他在等高三初三学生放学，他们是晚上 10 点。我问，毕业班的大孩子也背诗吗？那位生活老师憨厚地笑笑，说有这种提倡但不严格要求，毕竟都大了，不好意思，再说夜深了，也打扰别人。回到宾馆，说是宾馆，其实就是在高三宿舍的楼底层，奇怪的是，高三何时放学的，如何回的宿舍，竟一点动静都没有。也许夜真的太深了……

立，排成几队，从哪个门走，全要听指挥。我清楚地看到排头由于不知先迈哪个脚而手足无措，因为这点指挥员没要求；还有一个班因两两没排齐受到批评，万幸的是没有扣分。

这是一所寄宿制学校，采取军事化管理。无论是就餐、开会，还是回宿舍，都要排队、唱歌（可以背诗代替）。吃过晚餐，我们认真察看了几个年级的吃饭情况。他们都是排着队上来，排着队打饭，到贴有名号的地方用餐。整个过程班主任要在场，生活老师要履行管理职责。

看到哪儿都整齐划一，看到学生都规规矩矩，看到一切都井井有条，还看到有数百位远道而来的参观学习者，突然心里有种莫名的悲哀，说不清为什么。晚上在一个办公室，跟两位老师聊天，果然，他们怨声载道。学校对教师的管理比对学生的要求还要严格，须签到和签退，晚上也要坐班。班主任要从早6点到晚10点，无缝隙跟踪。每次月考，都要大排名，都要搞成绩分析，都要开誓师会。这两位老师还告诉我们，考试总结会上，考得好的披绸带挂红花，上台发言领奖。考得差的要被点名批评，领导会当着学生的面指着老师的鼻子训斥，"你说，你为什么教得这么差？你什么时候能把成绩提上来！"要逼着师生承诺，甚至跳到台子上发誓……

我很想找两个学生谈一谈，可学生们都太忙，连课间都没工夫出来活动一下，整个教学楼安静得可怕。我们仗着有"听课证"，哪儿都去，什么材料都翻，什么报表都看，越看越觉得不可思议，越看越觉得"铁腕与高压"居然这么有威力。我们到小学部看了看，小学也上晚自习，还是两节。教师或讲题或答疑，楼道里还穿梭着许多管理者。最让人感慨的还是墙上的那些东西，真多、真全、真细。多到目不暇接，全到细致入微，细到茶水的供应都有条例。我们在分管校长的办公桌上看到了长达八页的成绩分析报告，在政教员的记事本上看到了一本的鸡毛蒜皮，在班主任的备课本上则看到了每节班会课的详细教案……一边看一边感一分关系到 200 元钱。我们问他分数是怎样和学费挂钩的,他也说不清楚,只是告诉我们,学习好了,可以免学费,差了就要多交钱。他是每学年交 5000 元,有的要交上万元,要是考到年级前几名就可以免交。正说着,陆续有同学回教室,我特意看了下时间,最快的同学吃早餐仅用十分钟。出了教室,终于看到高中放学的场景了,依然排队,鸦雀无声,井然有序,学生个个跟木桩似的向餐厅走去,就差踢正步和唱红歌了。

早饭后,我们在语文公开课专用教室听了两节课。第一节是《惠子相梁》,先是"出示目标",然后分三次"先学后教",分别是"比读准字音"、"比译讲课文"、"比背诵课文"。每次"先学后教",都有"自学指导",都强调几分钟后检查。而且检查的方式很特别,比如读课文,只让学生读一句,随即打断喊另一个同学继续。在出示"背诵提示"五分钟后,有八成的学生举手示意会背了。接着就是"自查、互查、齐背、独背"。离下课还有一刻钟时,老师让学生思考"庄子讲鹓雏(老师误读成 yuan shu)的故事用意是什么",没有多给思考和讨论的时间,师生开始对话,引导出老师想要的结论。最后五分钟,进行"当堂检测",要求用三分钟完成检测题,不抄题,直接写答案。最后在百分之百的过关后,本课结束。

第二节是文言翻译复习课,同样是"出示目标",投影一些题目,让学生"先学",然后或板演或对答,算是"后教",再总结些解题方法后,就是"当堂检测",检测的结果必须达到人人过关,否则就不是"堂堂清"。

第二节后的大课间是做操,堪称一景。学生排队进入操场,在远离主席台的地方列队,校长亲自在主席台上发号施令。随着"三大纪律八项注意"的进行曲,学生迈着整齐的步伐向前向前向前。这位校长还操着浓重的口音作了"五比"动员,可惜,他的讲话多半听不清楚。做操无奇,只是周围站满了观众,且多持相机或摄像机。粗略估计,今天外

到底是"民办"还是"神办"

　　头一天睡时已近零点,第二天,迷迷糊糊地知道何校长早起去看晨读了。6点20分,何校长回来喊我,让我去看千古奇观。我顾不得洗漱,一阵小跑,来到教学楼。只见各个教室或书声琅琅,或鸦雀无声,全部满员,都有教师辅导,都显得无比紧张。各班黑板上都写着学习的内容、方式和时间。内容具体到哪课的、多少页、干什么,方式除了明确是读还是背是抄还是默外,还明确了是自查还是互查,是组查还是抽查……最有特色,最能体现专家校长治校特点的就是时间了——无论是坐堂听课还是随便观察,这里的老师习惯性地会说"给你两分钟"、"五分钟内必须完成"、"看谁能用最短的时间完成"、"这节课的学习任务是……"换句话说,"先学后教,当堂达标"的首要特点就是每节课、每刻钟甚至每一分钟该干什么都布置得非常明确。而且,有布置、有检查、有奖惩,检查得无比细致,奖惩得冰火两重天。

　　何校长告诉我,5点45分,学生全部就位,老师特别是班主任还要提前。一个多小时的晨读,除了参观的老师来回穿梭拍照摄影,走廊里没有学生,偶有任课老师走过,全是小跑般,显得无比匆忙。我们转了几十间教室,无一例外地,各班都像大战来临的前夜,仿佛是毕业班的学生在做最后的冲刺。老师们也是走马灯似的交接班,随着另一位老师的到来,学生会在三秒钟内统一换掉课本,老师也会板书学习的内容,学习的方式,学习的时间,检查的方式……

　　不知不觉,7点钟了,初中部竟在我们的眼皮底下全溜了,毫无动静。我们走到初一某班教室前,发现一个孩子没去吃饭,就问他些情况。这位孩子很认真也很拘谨地告诉我们,在这儿上学干什么都要快,慢了就要挨批评。他还告诉我们学习也非常紧张,同学们竞争很激烈,因为作为老师，没有不喜欢品学兼优的好学生的，同理，难雕的"朽木"，则很容易被弃置不顾。这就造成了"优差分化"，且分化随着教育的进程而愈演愈烈。班级管理本应该"抓两头，促中间，全体进展"，可有些班主任却"损不足以奉有余"，两眼紧盯着升学率。对优生强化训练，吃小灶，课外辅导，而对差生却听之任之，不理不睬，直至放弃。这种"选拔教育"具有明显的弊端，它是以汰"劣"来选"优"，是以部分差生的失落与颓废来造就个别"精英"的出类与拔萃。这当然有失公平。

　　从整个社会的教育收益来说，一个"差生"拖后腿产生的阻力比一个优生所提供的动力要强得多。教育家斯霞曾说，智育不好是次品，体育不好是废品，德育不好是危险品。试想，即使全班有90%的学生成了"正品"，若有一个成了"危险品"，都将"同归于尽"。几年前，残忍杀害四名同学的马加爵就是一个很好的例子，他家庭贫困，需要帮助，需要尊重，可周围的人偏偏熟视无睹漠然待之，终于这个"危险品"爆炸了。

　　但愿马加爵的"爆炸"能提醒教育工作者，不要放弃每一个后进生。佛说救人一命胜造七级浮屠，那么，老师转化一个后进生当然也功德无量。

传统课堂的十大弊端

著名学者袁振国先生在其著作《课堂的革命》中对现行课堂作过深刻阐述:"传统课堂造就了传统的师生关系。在教学中,教师是主动的,是支配者,学生是被动者,是服从者。教师、学生、家长以至全社会都有一种潜意识:学生应该听从教师,听话的学生才是好学生;教师应该管住学生,不能管住学生的教师不是好教师。师生之间不能在平等的水平上交流意见,甚至不能在平等的水平上探讨科学知识。"

传统课堂主要是以教师的主动讲授和以学生的被动接受为主要特征,教师往往注重通过语言的讲述和灌输来实现知识的传授,在教学过程中教师的主导地位倾向突出,而学生的主体地位却被习惯性地忽视。在这种教学模式下的课堂教学往往过于死板,教师搞"一言堂",学生的学习地位得不到充分的体现和尊重,即使他们在学习过程中有自己的看法,也往往不敢表达。因此,传统的教学模式严重忽视了教学中的情感因素,无视青少年学生心理发展的正常需求,严重束缚了学生学习的积极性、主动性和创造性的发挥。

一、单调的"标准化"导致故步自封

  传统课堂的"教",多是照本宣科,教师只把学生当作接受知识的容器,由于教学活动有计划性、预设性的特点,学生和教师的活动总是受教案的束缚,教师不敢越出教案半步。教师的教和学生的学在课堂上最理想的进程是完成教案,而不愿节外生枝。教师总是希望学生能够按照自己课前设计好的教学方案去展开教学活动,每当学生的思路与教案不吻合时,教师往往会千方百计地把学生的思路"拽"回来。教师期望的是学生按教案设想作出回答,努力引导学生得出预定答案。整个教学过程就像上紧了发条的钟表一样,什么时间讲授,什么时间提问,给学生多少时间回答问题等都设计得丝丝入扣。于是,我们常常见到这样的景象:"死的"教案成了"看不见的手",支配、牵动着"活的"教师与学生,让他们围着它转;课堂成了"教案剧"演出的舞台,教师是主角,学生是配角,大多数学生只是不起眼的群众演员,很多情况下只是观众与听众。在整个教学过程中看不到教师的随机应变,看不到对学生思维出现阻碍时的点拨。教学过程好似一杯淡而无味的水,观后不是让人拍案叫绝,为之喝彩,而是让人觉得索然无味。

  过去我们许多教师在备课时,往往首先考虑教师怎样教,特别是有人听课时,首先考虑的是怎样把听课者的眼球吸引到老师这里来,怎样把老师的看家本领在一节课上都展示一下,教师的主角意识浓厚,表演欲望太过强烈。老师往往把教学过程看成是学生配合教师完成教案的过程,一定程度上忽视了学生作为学习主体的存在,忽视了学生是重要的课程资源。由于教师课前忽视了对学生情况的分析,所设定的教学起点,与实际的教学起点有时不相吻合,等到上课时,好多东西都是学生早已知道的,很难看到教学过程的动态生成,很难看到富有生命活力的课堂。

二、统一的"程式化"导致创新匮乏

长期以来,我们的许多课堂教学比较沉闷,难以唤起学生的学习热情和智慧活动的积极性,更不用说激发创意和不断探索的精神了。学生完全处于一种被动的学习状态,严重缺乏主动性和创造性,以致出现了学生"人在课堂心在外"的现象。现行普遍的课堂是一种在课堂纪律支配下的课堂,教师强调纪律的严肃性,纪律的一致性,纪律的不可逾越性。岂不知这种冰冷的纪律往往成了限定学生听课行为的障碍和樊笼。教师精心制定的教学或行为规范已经严重影响到学生们的思维方式和行为方式了。过分的规矩,更扼杀了学生们潜在的创造才能,压抑了学生们的思想情感,以致使学校、教师成为学生心灵退化的帮凶。

传统课堂教师居高临下,学生则处于一种无形压力的包围中。老师讲课时,学生们鸦雀无声;老师提问时,学生们要举手征得老师的许可方才回答。有些人甚至以自己高压下形成的准军事化管理作为成功的典范,炫耀的资本。事实上,那种统一规范、整齐划一的场面下的孩子,在整日承受着巨大的压力,他们生活在一种神圣与威严中,生活在一种压抑与束缚中。有的教师在公开课上为追求举手效应安排学生会的举右手,不会举左手,最终在公开课上解决了学生所有"问题",而致使学生什么都"懂"了,没有一个学生提问、质疑。这样的造假例子,值得我们反思。

三、纯粹的"应试化"导致枯燥乏味

"用简单的升学指标管理学校教育"、"畸形的德育",这是张志勇首先提到的应试教育两大弊端。他调研时曾在某学校内看到一个小黑板,上面写着——世界上有四种人：人渣、人手、人才、人物，你要当哪一种人？我们不能成为贵族的后代，但我们可以变成贵族的祖先。"这是当前很常见的励志教育。我们已经把励志教育极端化了！"张志勇说。在这种情况下应试教育强调的是"两眼一睁开始竞争"，学生的学习动力是极端功利化、自私化、庸俗化的，带来的是责任感的缺失。

传统课堂，教师对学生的评价就是掌握教师所教给的知识，会做题，考试能够取得好成绩，学校对教师的评价也基本上是看教师的教学成绩。传统的教学评价，过于注重结果的终结性评价而忽视对过程的评价，造成的恶果是：压抑了学生学习的自信与积极性，使学生不能清醒地认识自我，反思自我，学生自主学习自主发展的能力与品质得不到应有的训练与培养，学生的个性健康发展受到了极大影响。

四、极端的"功利化"导致压抑人性

传统课堂教学是一种以知识为本的教学，这种教学在强化知识的同时，从根本上失去了对人的生命存在及其发展的整体关怀，从而使学生成为被拆解的人，甚至被窒息的人。为了完成认知目标，抹杀学生的创造性，忽视学生的情感。长期以来，我们的教育进行的是一种"颈部以上"的学习，它只强调记忆、思维等的训练和培养，却没有意识到学习过程不仅是一个认识活动过程，而且是一个情感活动过程。

学生普遍反映上学不幸福，而且这样的状态不能被教育者关注和理解；学生学习的动力主要是外部，更多的来自分数的压力，而不是来自对知识内在的一种追求、一种爱好：这是传统课堂的两大悲剧。不可否认，传统课堂使我们的孩子失去了许多宝贵的东西：一是失去了梦想和激情，变得麻木、呆板；二是失去了积极的人生态度，变得懒惰；三是失去了学习的主动习惯，变得机械；四是失去了天真活泼、开朗、乐观向上的品质，变得少年老成。

五、"填鸭式"导致疲于应付

传统的课堂教学，学生学习方式单一、被动，学生的学习方式缺乏个体性，教师与学生之间、学生与学生之间经常处于一种紧张甚至对立的状态，信息交流处在一种不畅通的状态，课堂上很少看见人际间的交流、观点的交锋和智慧的碰撞，学生的学习始终处于被动应付状态。学生缺少自主探索、合作交流、独立获取知识的机会，很少有机会表达自己的理解和意见，致使课堂气氛沉闷、封闭。

教师的"一讲到底"限制了学生创造性的发挥，师生"一问一答"剥夺了学生与学生之间的合作。在应试教育体制下，对教学的评价往往注重的是结果，评价的手段是单一的考试，评价依据是考试分数。高考怎么考，教师就怎么教，学生就怎么学。教师们为了考个好成绩，排个好名次，只好在挤学生上下功夫。逼着学生每天写多少字，做多少道题，背几个定义，抄几段课文……在书山题海面前，学生忙得晕头转向，无所适从，只好"地理（老师）来了背地理，数学来了做习题，英语来了抄单词……"如果一闪空，没有老师的指示，学生反而愣着不知干什么好！

六、"重结果轻过程"导致舍本逐末

"重结果轻过程"是传统课堂教学中一个十分突出的问题，也是一个十分明显的教学弊端。所谓重结果就是教师在教学中只重视知识的结论，忽略知识的来龙去脉，有意无意压缩了学生对新知识学习的思维过程。教师在预设教学过程时考虑最多的就是应该如何将知识讲清楚、讲明白、讲透彻。对相当一部分学生来说，学习给他们留下的只是消极的体验，甚至有的学生从此不再喜欢学习，甚至产生一进教室就头疼的毛病。

传统的教学特别关注结论的记忆，却忽视学生对知识的体验过程。它试图走一条捷径，将前人的知识经验以最高的效率传递给学生，教师习惯于将知识嚼烂后喂给学生，无需动手实践就可以快速地将知识存储于自己的大脑。这种教学模式剥夺了学生思考的权力，导致学生只会死记硬背，而缺少质疑的能力、创新的能力，这实际上是对学生智慧的扼杀与个性的摧残。

七、"重教法轻学法"导致南辕北辙

传统的学习方式把学习建立在学习者的客体性、受动性和依赖性的基础之上，过多强调的是如何教。在传统的课程观中，课程内容规定着"教什么"，而教学则负责"怎样教"，课程与教学的界限泾渭分明。课程内容由政府和学者专家判定，教师的职责是踏实而有效地传递课程内容，是课程的实施者，很少有机会发挥自主性，只能跟在课程计划的后面亦步亦趋，扮演着"执行者"和"传声筒"的角色。

教师不是"用教科书教"，而是"去教教科书"；在教法上，不是多种媒体综合运用，而是单一地讲授；不是"以培养创新精神为核心"，而是"以传授知识为核心"；不是"学生本位"，而是"教师本位"，没有把学生置于教学的出发点和核心地位。在传统的教学中，教师负责教，学生负责学，教学就是教师对学生单向的"培养"活动。教学关系就是：我讲，你听；我问，你答；我写，你抄；我给，你收。在这样的课堂上，"双边活动"变成了"单边活动"，教代替了学。

八、"重灌输轻探究"导致浅尝辄止

多少年来,课堂教学所追求的是循着课前精心设计的教学程序,采用一连串的追问,牵着学生亦步亦趋地接受一个又一个结论。在问题的设计上,往往过细、过窄,缺乏思考价值,当学生对问题的回答正是所期望得到的答案时,教师便会立即抓住,如获至宝地加以肯定或赞扬,于是,对某个问题的讨论也就此画上了句号。即便教师提出的问题具有一定的思维空间,但常常又不能给学生充足的思考时间,这无疑在客观上阻碍了学生思维独立性与创造性的培养与发展,致使学生在思考问题方面存在着比较严重的模仿性和依赖性。

教学中的每一步都由教师领着学生走,教师好像是导游,拿着旗子在前面喊,一队学生跟着走,无法停下来按自己的需要去观赏,用自己的头脑去思考,可谓走马观花,没有切身体会。概括起来讲,传统的课堂教学存在下面几多几少:教师讲解多,学生思考少;一问一答多,探索交流少;操练记忆多,鼓励创新少;强求一致多,发展个性少;照本宣科多,智力活动少;显性内容多,隐性内容少;应付任务多,精神乐趣少;批评指责多,鼓励表扬少。

九、"重教材轻学生"导致兴趣丧失

传统课堂的公开课总是忠实地执行教材,教材上怎么写,教师就怎么讲,还美其名曰"尊重课本"。即使发现教材的内容有不合理的地方,也不敢随便处理。好多教师甚至成了教材和教学参考资料的传话筒,他们视教材为金科玉律,不敢越雷池一步,把毫无遗漏、毫不越位地传授教材内容视为课堂教学目的,使教材成为禁锢学生自由创造、大胆创新的枷锁。

传统的教学中，教师教学的最大特色是"教教科书"，教科书是依据教学大纲编写的，在某种程度上具有一定的权威性，而且考试主要测试的是教科书上的内容，这导致掌握教科书的程度成了评价学生的唯一尺度。因此，教师进行教学设计主要依据教材与教参，力图将教科书上的每一个知识点都纳入自己的预想中，教学过程也就成了对教案的照本宣科。当设计的环节完成以后，一堂课的教学任务也就算完成了，至于学生掌握了多少，怎样去掌握，掌握到了什么样的程度，要到考试时看学生"复制"知识的效果如何才知道。因此，传统教学缺少活力，教师教得辛苦，学生学得枯燥。

十、"重知识轻能力"导致眼高手低

知识的掌握、能力的形成是学习的结果，而知识掌握和能力形成的过程才是学习本身。孩子的大脑就是一片肥沃的土地，知识是用来思维的元素，知识就是种子，思维就是耕种，只有当我们把知识用思维耕种到大脑里的时候，知识才能变成力量，否则就是无用的垃圾在大脑里的堆积。现在社会上浮躁的风气，愈演愈烈的功利主义，使人们把目光全部集中到成绩和考试上，忽略了人性。学校盲目追求知识，追求升学率，把学生当作接受知识的机器，教师只为高考而教，学生只为高考而学，严重违背了教育的本质。

学生是学习的主体，一切教育活动本该围绕学生展开，可传统课堂上缺少尊重意识和服务意识，教师不尊重学生的个别差异和种种权利，不给学生以选择权。学生们在课堂上得不到平等，得不到对话，得不到表现自我的机会。传统课堂束缚人的思维，压抑人的求知欲望。教育不是以压抑、管制和约束的方式去调教、干预、统治学生。教育应该"按照儿童的方式"，这样他们的天性才会自然展现，才会产生真正的学习热情。

李炳亭给传统课堂打0分偏激吗

《我给传统课堂打0分》在线读书沙龙活动从开始之初，论战的格局已经呈现，有数位网友直言李炳亭先生给传统课堂打0分过于偏激。有位校长甚至批评："全面否定传统课堂，是从一个极端走向另一个极端！"

李炳亭先生回复说："市场经济的出现本身就意味着是对计划经济的全盘否定。这也是从一个极端走向另一个极端？你对传统课堂有感情我理解，因此我说课改就像'离婚'，心情复杂，但如果继续和'前妻'藕断丝连乃至暗度陈仓，小心会出问题的！课改是一场革命！你理解革命这个词吗？革命不是改良！另外，我还要做点提醒：批判是为了建设，单纯地为了批判而批判是没有意义的。《我给传统课堂打0分》是作为《高效课堂22条》的'序言'而存续的，读了后一本再对照前一本或许大家能明白我是怎样建设的。我以为课堂的建设很像盖楼，不扒掉旧房子很难起新楼，仅仅靠修补旧房子是不会有新楼的。千万别学老太太搬家，一大车的破烂！"

从这段回复中，能够读出李炳亭先生的犀利还有夹杂的尖刻。有人说，他的文字充满了辛辣与苛责，尽显嫉俗与偏激，具有十足的火药味。我在《李炳亭突围》一文中，也说过李先生"偏激和冒进"，后来，随着对李先生了解的加深，特别是读了梁启超先生的"偏激论"后，我对

"偏激"的看法改变了。梁启超说:"吾偏激于此端,则同时必有人焉偏激于彼端以矫我者,又必有人焉执两端之中以折衷我者。互相倚,互相纠,互相折衷,而真理必出焉。"

李先生对中国基础教育的病灶看得一清二楚,他的《高效课堂22条》恰好是对症下药。对于一位有"方"有"药"、又有教育信仰的人来说,他不会袖手旁观孩子们挣扎,更不可能不痛不痒地胡说八道。李先生曾说:"假如我没有责任,我不会如此激进;假如我找不到良方,我不会不遗余力。"李先生是不惮别人说偏激的。他的偏激,要看生在什么样的土壤上,是在什么样的环境下发出的,这样,我们才能判断他的偏激到底有没有意义。记得鲁迅表达过这样的意思:如果你要开一个窗子,你应该说我要砸了这面墙,这样就会有人和你妥协是不是开面窗子算了,如果你照实说要开个窗子,那么你将永远生活在黑暗中!今天,"法乎其上,得乎其中"的道理仍然适用,甚至我们只有说要砸掉整间屋子时才能有一个窗子!所以,李先生的偏激不妨看成是退而求其次的一种策略。

给传统课堂打0分,确实让一部分老师接受不了,也不符合儒家文化的中庸之道。更有人以黑格尔的"存在即合理"来为"传统课堂"辩护,说什么"社会的进步有目共睹,今天的人才不全是传统课堂培养的吗"。诚然,给"课堂"打零分要承受许多指责,对"传统"进行批判更需要特别的勇气。话说回来,打多少分合适呢?打满分肯定没人同意,50分多数人能接受,可有什么意思呢!最美的不是中间的对称,而是有着偏颇的黄金分割。与其打二三十分,还不如冒着偏激的指责,一棍子打死。只有偏激的文字、偏激的观点才能激起人们思想的火花,才能造成心灵的碰撞。正是因为偏激,才会引发关注与质疑,才能刺激并唤醒老师们投身课改。

李炳亭先生认为,传统课堂剥夺了孩子的童年,扼杀少年人的求知欲——孩子们在受罪啊!于是,他又说了句"课改就是从油锅里捞孩子"。可许多老师潜意识里不愿承担"烧锅熬油"的骂名,尽管也能看到孩子们在书山题海中苦苦挣扎,却仍以爱的名义施暴。社会民众面对教育的弊端,普遍存在无可奈何的情绪,这种情绪反过来又加重了教育的"病情"——所谓你不能改变现实,只好去适应现实,哪怕是不合理乃至荒谬的现实。谁家没有上学的孩子?谁不对此有切肤之痛!在教育这个近乎残酷的"竞技场"中,人们推波助澜互相施虐,家长比着上辅导班、请家教,学校比着抓分数抓出血来,老师比着摧残孩子们的身心健康。哲人有言,可怕的不是堕落,而是堕落时的清醒。李先生的这一比喻,犹如寂静黑夜中的一声震响,激起多少人的感慨,又能让多少怀有悲悯情怀的教师去思考责任、良知与担当。李先生教育批判的文字,揭露的都是藏在外衣下的暗疮,它怎能不尖锐?李先生教育建设的文字,浸润着热血,肩承着梦想,它又怎能不慷慨激昂!当前教育,需要"0分"、"油锅"式的偏激,我们对此应该给予充分的宽容和理解。万千麻木的群体中,应当允许有那么一两位斗士,用他们那惊天动地的呐喊,唤醒我们的觉悟,引领我们的行动。

第二章
上下求索

  三十又一之年，教学高低难就。吾不忍摧学子于牢笼，做应试之帮凶，遂改志。穴居斗室而静观天下，笔走龙蛇意随兴腾达。键盘敲得响，网络迷人情，谈笑有SOHO，来去多从容。可以编报纸，做宣传，无违心之事累，无逆意之强难。前选撰稿人，后建工作室。恕俭云：此志已定。

三尺讲台，我挚恋的情人

做梦都想当老师

我从小就想当老师，说不清楚为什么。只记得在东关小学实习期间，第一次听到学生喊我"老师"时，那股幸福的蜜流曾让我回味了好几天；只记得分配到褚墩工作后，因新生推迟开学，我急得嘴角上火拱疮；只记得第一节课的开场白，我浮想联翩，简直像准备总统竞选；只记得，初为人师的头一天，我激动得彻夜难眠。

这种热情给了我惊人的能量，在褚墩一年，教学成绩独占鳌头，班级管理名列前茅。为此，先进稳拿了，教代会参加了。年仅18岁的我本该再接再厉，再立新功，可一纸调令，转眼间我来到了二中，不悲不喜地穿上制服当起了保卫。城乡两重天啊，由鸡头到凤尾，我感到压抑甚至自卑，一向争强好胜的我自尊心受到了挫折，心爱的教育事业被迫搁浅。谁知，这一搁就是七年！七年中，虽几经消沉，几多颓废，但我做梦都想登讲台。

1995年8月，我在《代课申请书》上曾这样写道："三年终于熬过来了，松垮无聊的保卫生活憋得我浑身都是劲儿，也像'小别胜新婚'那样更想当老师。特别是去年十月份，整日想入非非，着了魔似的想登讲台。晚自习，常借巡逻之机，待在某个阴暗的角落里，失神地望着讲台上的工程师们，心里羡慕得不得了。有时，我都怀疑自己是不是有病，为什么那么的想当老师……人贵有自知之明，在二中成群的大学生里，连高中都未上过的我，对代课的前景，心中无底，有时，都不敢过多地去做那种美好想象。但我坚信早晚能重返讲台，所担忧的只有知识的不足。因此，几年来，我把心思全用在了学习上，实在忍不住了，才偷偷地想象一下代课后激动、欣喜的心情和夜以继日的冲天干劲儿……"

重返讲台后，我如鱼得水，全身心地投入到教学工作中来，说句实话，每到学期末，总有一丝无法述说的惶恐，就像我每逢周末离开学校时，总有点恋恋不舍一样——我害怕暑假的漫长，害怕休闲时惰性的滋长，更害怕没有学生的日子里，那份难补的空虚与寂寞。我喜欢朝阳，喜欢天不亮就起床，喜欢将每一天拉得很长很长。遗憾的是，时间在我面前，跑得飞快，有时埋头备课六七个小时，感觉只是一瞬间。甚至晚自习结束后不得不离校时，我还需要这样安慰自己：赶快回家！赶快睡着！一觉醒来，又是一轮崭新的朝阳。

日子充实了，我从拼搏中得出了欢乐。教学前景的日益开阔，班级管理的得心应手，领导同事的刮目相看，使得我每时每刻都处于一种昂扬、兴奋的心境之中。

在我眼里，教学不是挣钱谋生的好职业，却是值得为之奋斗终生的大事业。教学也不是焦头烂额的苦差事，而是魅力无穷的艺术。这门艺术像自由女神那样神秘，那样诱人，似体育竞技那样紧张热烈。这里有旱涝稳丰收的工资保障，这里有地位逐步高的名声威望，这里有桃李满天下的自豪芬芳。叫人怎能不心驰神往！

在我眼里，经验的贫乏，学识的不足，是压力，是刺激，更是动力。坐在办公室里，眼前摆着那么多需要看，我也爱看的教参书，就像财迷发现了宝藏一样，贪婪得什么都想攫取；听听同事们的公开课，我就恨不得一下子变成个任晓艾、魏书生；读读教育信息，看看人物传记，我就觉得七年的保卫损失惨重,就觉得眼前的分分秒秒都是那么的珍贵。

这一系列美妙的感觉,都来源于一个"爱"字。教学实践让我明白了这样一个真理,所有的教育教学的技巧就在于热爱。

爱的力量是无穷的,也是神奇的。

师爱无选择,爱到挚诚处,点石亦成金

很多人知道这样一个笑话:母亲A拜托母亲B将一袋水果捎到幼儿园里给女儿吃。母亲B说不认识怎么办?A说我的女儿是最漂亮的那个……结果B直接把水果给了自己的女儿。这个笑话说明,每位父母都认为自己的孩子是最好的,这到底为什么呢?那是因为人世间最伟大的爱,深厚而又宽容,那是因为父母对子女最真切的爱,把调皮看成是活泼,把任性看成了坚定,把挥霍看成了豪爽,把逞能看成了要强,乃至把脸上的黑痣也看成了独特的漂亮。

正像我们无法更换自己的孩子一样,师爱也是无选择的,只有像疼爱自己的孩子一样去关心、爱护学生,才能换来学生的爱戴与信赖。"亲其师,信其道",只有师生感情融洽和谐了,才更有利于"传道、授业、解惑"。

本着这一原则,我在班主任工作中,注重感情投入,杜绝轻视,谨慎批评。我总是拿着放大镜去发掘捕捉学生的闪光点,并及时加以表扬与鼓励。对于犯错误的同学,我从不粗暴呵斥,而是先以情动其心,再晓之以理,让他心悦诚服,并能在悔恨中有所醒悟。

曹华同学曾是一届初一班主任管理的"老大难",性格执拗、倔强,满脑子江湖义气,缠绵于儿女情长,学习态度浮躁,懒惰,因为找女孩子麻烦,为朋友结伙打架等原因而被迫中途辍学。在家闲散半年后,又一心想再上学,可初二的班级视为祸端,初一的老师也避而不要,校长

抱着试试看的态度把他交给了我。

入班后，我没有对他约法三章，也没有动不动就找家长，而是寻找闪光点，予以表扬。他喜欢和同学玩，我称赞他团结同学；不再给女生乱写信，我就鼓励他懂事了，好样的。在师生感情渐渐融洽后，我把他带到二中保卫科，打开档案橱，共同翻阅起不良典型的档案，我有理有据地给他讲江湖义气的危害，耐心细致地向他剖析青少年早恋的苦涩……

我又不失时机地利用各种机会对他进行人生观、世界观的教育，终于使他把主要精力用到了学习上来。如今他已是我班的学习标兵，还光荣地加入了共青团。

曹华这个全校闻名的差生转化成功后，失学一年的刘华君又落户我班。他的"辉煌历史"比曹华有过之而无不及，而他的堕落，却有着明显的开端。1998年，他以前五名的成绩分入初一实验班，可他太娇生惯养，吃不得苦，挨不得训，性格倔强，分班第一周就参与打架，而且打的是一位弱小的女孩。从此他被老师视为异端，稍有差错，就停他的课，家长也得隔三差五往学校跑……一个要强的好学生就这样自暴自弃了。

流浪一年后，刘华君彻底悔悟了，坚决要求上学，可他的父亲在学校联系了三天都没有结果。提起刘华君，了解情况的老师都嗤之以鼻，说他好打架，曾一拳将一个同学的鼻梁打成骨折；说他性子邪，曾拿出菜刀逼他的妈妈掏路费供他出走……说得人毛骨悚然。一位要好的同事，听说我准备要他，专门找我劝说，什么一粒老鼠屎会坏了一锅汤，最好别管，省得出力不讨好。

在我走访了刘华君的小学班主任和部分同学后，我对校长说："让我试试，我就不信火热的爱心融化不了初春的残雪！"

入班前两天，我准备了一本精美的日记，里面写满了我深情的话语：古人云，朝闻夕死，而你小小年纪，谈不上失足，又这么早走回了正道，我相信你一定会好。你在小学里成绩那么优秀,证明你很聪明、勤奋,你应该有光明远大的前途。俗话说,浪子回头金不换。你的转变将是我莫大的光荣,我相信只要我们互相理解,互相宽容,互相帮助,我们一定能共同书写出人世间最美的篇章……

从此,他每天专门为我写日记,述说生活中的酸甜苦辣,我也天天为他写批语,对他进行鼓励、教导。他听说我要把他的事例写进演讲稿,还特意写了一首诗赠我:"红字排成行,关爱在中央。使得冬日绿,冰雪化太阳。"当我读到"使得冬日绿,冰雪化太阳"时,禁不住一颤,继而拍案叫绝,多么贴切形象的比喻啊!多么富有才气和灵性的小诗啊!想不到,短短几个月,真挚的爱心就使残雪融化,顽石成金了。

这怎能不叫人兴奋激动,这怎能不叫人自豪投入呢!还有什么能比塑造人的灵魂更崇高的职业呢?还有什么能比浪子回头更让人欣慰呢?一想起那些可爱的学生,就觉得所有的辛劳都是那么的微不足道;一想起一颗颗纯真的童心,就觉得再付出十倍的苦累也心甘情愿;一想起学生对我的爱戴与信赖,就觉得自己是世界上最幸福的人。

有一次,在我献血后,班里的许多同学为我买来营养品。"三八"妇女节,学生们在向女教师送鲜花的同时,竟然把我的办公桌上也插得满满的。爱的双向交流,使我越来越深地爱上了教育这一行。爱的力量是神奇的,爱的回报是幸福的,为心爱的教育事业工作——真好!

我的理想教学观

一、不为名利所迫，不为短期效益所惑；放眼未来，志存高远。

二、抓紧一切时机，提高自己的综合素质。

三、不当教书匠，要做教育家：治学，刻苦勤奋；教研，精益求精；为人，刚正不阿。

四、著书立说，多写论文，用铁的事实表明对教育事业的热爱与忠诚。

五、设身处地为学生着想，关心每一个学生成长、成才。

六、尽心尽力做好后进生转化工作，浪子回头，功德无量！

七、清心寡欲，恪尽职守，要对得起自己的良心，相信上天是公正的。

八、有理、有据、有节地同现实的弊端作斗争；不盲从，不妥协，更不能同流合污。

九、时刻同大政方针保持一致，关注社会发展，培养超前意识，牢牢抓住决战未来的主动权。

十、多写日记，有感就发，适时调整奋斗方向；注意锻炼身体，保持正当的兴趣爱好，别过分地亏待自己。

教育诉状与理想教育

再过一个月,我 15 年(此文写于 2005 年,当时在济南一所贵族私立学校)的教学生涯将画上一个句号。原因无他,不忍心亵渎自己的良知,不想做帮凶去摧残"性本善"的孩子。眼不见心不烦,期盼能像鲁迅"弃医从文"那样用手中的笔好好揭揭当前教育的弊端。现在先来描绘一下我心目中理想的教育。

求真

据不完全统计,80%的校训中都有"求真"这两个字。而据中国人的思维习惯,"求"什么往往意味着"缺"什么。2000 多年的封建愚民思想,根深蒂固的顺从意识,不可避免地习惯于服从,从而也就形成了集体无意识地随波逐流。比如,明知学生厌学还要在假期补课;明知应因材施教还要盲目对牛弹琴;明知基础差的同学连英文字母都认不全,还要按照进度去抄写一黑板单词;谁都知道"茴"字的四种写法没有用,可语文教学上仍乐此不疲;谁都看出了教育现状的不合理,却没几人较真去改变。真希望:看到虚假齐伐共诛,遇见糊弄人人喊打。

务实

务实是求真的孪生兄弟，不想求真自然不会务实，想要务实必然要去求真。务实很简单：遵循教育规律，切合学生实际；从长计议为学生的终身发展负责，实事求是为社会培养合格人才。可事实呢？杀鸡取卵，急功近利；赶鸭子上高架，挫神童成庶人；唯分数论英雄，看高考决成败；泯个性于统一，丧创新于守旧；明睁大眼说瞎话，守着尸骨话团圆！结果呢？马加爵横空出世，陆步轩卖肉为生；大学生瞧不起学校，班主任成众矢之的。"天地君师亲"中的"师"竟成了学生最讨厌的人。呜呼，此皆"务虚"之过也！

和谐

"天时不如地利，地利不如人和"，"和为贵"。胡锦涛说"构建和谐中国是我们的崇高理想和目标"。何谓"和谐"？和者，相应也。人和万事通，家和万事兴，自然和则美，生命和则康，社会和则安，教育和则强，师生和则进。"教学相长，师生一心，团结互助，齐头并进"是谓和谐；"人尽其才，才尽其用，各显其能，各得其所"是谓和谐。和谐是园丁辛勤的汗水，和谐是花朵纯洁的笑脸，和谐是手拉手许下的心愿，和谐是心连心彼此的挂牵。和谐是教育为本，以人为贵；和谐是教师乐教，学生乐学。诸君，今天你和谐了没有？

博爱

人生没有爱，何必再存活？单纯为了爱，物极必反之。只知道爱自己爱配偶，那是动物的本能；只知道爱享受爱索取，那是动物的追求。小学生都知道拾金不昧，成年人却吝啬举手之劳。高大的围墙、四角的天空，封闭的岂止是地狱；陌生的邻居、设防的广场，隔绝的自然有天堂。只要人人都献出一点爱，世界将变成美好的人间。可只要人人都"取走"一点爱，菩萨也会变成铁石心肠！"人之初，性本善。性相近，习相远。"我们现在到底在向哪一个方向发展？探寻中山陵，看不到博爱；试问黄河水，听不见共鸣。博爱，你在何方？

民主

水能载舟，亦能覆舟。毛泽东说人民是伟大的智者，胡锦涛称群众是真正的英雄。三个臭皮匠，顶个诸葛亮。可为什么总有高高在上者喜欢"一言堂"？为什么大小奴才甘愿唯上级马首是瞻？为什么学校领导不顾及教职员工的真知灼见？为什么广大老师不看看学生到底在主张什么？都在糊弄，都在观望，都在期待，都在憧憬。民主虽不能包治百病，但起码能去除懵懂。民主虽不能一夜实现，但应该先在小范围推行。何时能真正实现师生平等，何时能真正达到多边共赢，何时能教学协商，何时能量体裁衣，何时就有了希望！

尊重

尊重知识，尊重人才，以人为本，唯贤是举。说起来容易，做起来困难。多年的媳妇熬成婆，哪位婆婆愿意放弃到手的特权？论资排辈，长幼尊卑，一成不变，亘古难移。同行是冤家，窝里相争斗。同学不服气，随处论高低。老师放不下架子，不能尊重学生；学生天生叛逆，自然瞧不起老师。于是，眼睛长在了头顶上，于是，白眼换来了嘲讽，嘲讽惹出了诅咒。于是,"投之以木桃,报之以琼瑶"竟成为遥远的传说。于是,"敬我一尺,还你一丈"竟成了无法兑现的空话。尊重,你离教育还有多远?教育,你给尊重几多空间?

竞技

弱肉强食,优胜劣汰,文明再怎么发展也不能抛弃这一"丛林法则"。人类正是在竞技中进化,在挑战中成长,在比赛中茁壮。奥林匹克之所以能牵动全世界的神经,恰好说明了竞技魅力的无穷。超女的火爆、梦想中国的盛行,也正是因为挑战、过关、升级所引发的竞技。所以,考试没有过错,排名也无不妥。有过错的是试题内容,不妥当的是唯名次论;有过错的是考试单调、频繁、僵死、为名利,不妥当的是评先树优就一个标准,而且还是老眼光。如果奥运会上只有一个百米项目,体育比赛将会多么乏味?同理,就一个高考分数又能说明多少问题?

强身

中国人教育孩子,好强调"劳其筋骨,苦其心志",但最后的归宿还是为了让孩子享福。身体是革命的本钱。失去了健康的基础,一切财富、地位、美貌等都是枉谈。道理诚然。我只是搞不明白:为什么那么多学生弱不禁风?为什么那么多学生成了"四眼"?又为什么那么多学生抱怨睡眠不足?更让人想不通的是:中小学生辛辛苦苦,到了大学懒懒散散,参加工作反而可以悠悠闲闲。本末倒置的背后岂止一个"病"字了得!

协作

一个中国人是龙,三个中国人成虫。同床异梦、各自为政、分崩离析、同室操戈……个人英雄主义促成了单打独斗,贪功自私不想让别人分得一杯羹还美其名曰自力更生,"防人之心不可无"也将协作排斥于无形。如果把责任都推给教育,好像也不公平,但学校确实应该大力培养协作精神。"满堂灌"、"填鸭式",把学生的脑袋当成装知识的布袋子,乱七八糟一股脑儿一个劲儿往里塞,不给反思,不容置疑,不让辩驳,不准违背……这样的教学,谈什么协作!

谦逊

把"谦逊"也列入教育的理想,有人可能不会认同。其实我只是借"谦逊"在想:咱是不是别活得那么辛苦?悠着点学习、工作行不行?别老抱着汉唐盛世思想,不切实际地去什么"超英赶美"。须知,三十年河东,三十年河西,好多东西并不以人的意志为转移。五指有长短,学生的智能多差异,培养不出爱迪生,促成几个时传祥行不行?挤不过独木桥,多开辟几条羊肠小道行不行?少崇拜精英,多关注弱势行不行?其实,真正谦逊起来,不再图名,不再逐利,人会活得很轻松。而轻松地生活难道不是我们的理想吗?

让学生在课堂上有尊严地活着

★ 教育的窄化现象：教育被窄化为教学；教学被扭曲为应试；应试被误导为训练；训练被省略为试卷；试卷被浓缩为分数；分数被错认为质量。

★ 一流的教师创造变化；二流的教师适应变化；三流的教师被动变化；四流的教师顽固不化。

★ 教师常常把学生的学习兴趣、情绪、信心等问题搁置起来，死盯着效率、效果。事实上，不关注、不激发学生情感，不顾及、不调动学生兴趣的教学绝对是低效的，甚至是无效、负效的。

★ 从当今的课堂教学看，仍是以知识传授为主，智慧被挤压了；仍然以分数为主，能力，尤其是创造力被驱赶了；仍然以规范为主，好奇心、想象力，那些看起来"不规范"的表现被斥为"违反纪律"；仍然以消极的接受性学习、机械重复的训练为主，探究、体验、合作等学习方式被边缘化了。

★ 学生在校时间中，70％的时间是在课堂上度过的。只要在课堂上哪怕一分钟，就会呼吸到价值观。对一个人的发展而言，最终发生作用的，并不是知识，而是价值观，包括在此影响下形成的思维方式。

★ 当前教师没有真正关注学生，主体错位，教学没有真正实现互动，没有生成。关注学生，尊重学生的主体地位，让师生在课堂教学中充分、高效互动是从根本上克服传统课堂弊端的出路。

★ 教师的职责现在已经越来越少地在于传递知识，而越来越多地在于激励思考。教师将越来越成为一位顾问，一位意见的参与者，一位帮助发现问题、引导解决问题而不是直接灌输真理的人。

★ 深刻的教育来自深刻的体验，学习即体验。

★ 真正的教育是对学生人生道路的引领，课堂的一切活动都必须围绕学生的发展来设计。

★ 现代课堂要下大力气培养学生的问题意识和探究精神。

★ 现代课堂要努力实现三个转变：教师变导师，教室变学室，灌输变探究。

★ 生活社会、天地万物，都是丰富的课程资源。凡是有孩子的地方，所有元素都是课程。

★ 读书是为了丰富自己的精神世界，读书是为生命打好底色，读书是为人生的成长积蓄巨大力量。读书能使人的视野更开阔、心态更阳光、思维更灵动、境界更高远，读书能使学校的文化底蕴越来越丰厚。

★ 书卷气是一个人最好的气质，书香气是一个校园最好的氛围。

★ 一个人的阅读史就是他的精神成长史，自由呼吸着书香的孩子是世界上最幸福的孩子，金子一样的中学时光应该阅读金子一样的图书。

★ 学到终极看自主，最好的教育是自我教育，最好的教育效果是在情境感受中产生。

★ 教学生三年要为学生30年着想。机械教条、生硬灌输，永远不能震撼学生的心灵，只有被灵魂接受的东西才能成为教育的瑰宝。

★ 考试无处不在，考试是对学习的检验和督促，而不是学习的目标。为考试而学、为考试而教违背教育规律。考试是通过知识考人品。

★ 通过表现和展示，学生可以把自己的困惑和错误理解暴露出来，对知识的理解是建立在顺利解决困惑和错误基础之上的。

★ 合作不仅是知识学习的主要途径，也是人格修炼的重要方式。

★ 理想的课堂氛围：状态上生动；关键处激动；节奏上律动。

★ 课堂灵魂：新——理念新、思路新、手段新；趣——引发兴趣、保持兴趣、提高兴趣；活——方法灵活、教材用活、学生激活；实——内容充实、训练扎实、目标落实；美——风格美、氛围美、感受美。

★ "以学论教，少教多学"，调整教与学的关系实质上就是把学习的主动权还给学生，就像家庭联产承包责任制把土地的使用权还给农民一样，这是改变人才培养模式的支点。

★ 未来的学习，学生有更多的机会以研究的心态面对人类既有知识和未知世界，开展研究性学习。学习的起点是需要探究的问题，而不是需要记忆的知识。这是学习与训练的本质区别。

★ 一旦走进课堂，就在对世界施加影响。

★ 重天道，行人道，尊学道。明知有道而逆之，罪也！不知其道而行之，悲也！让学生在课堂上有尊严地活着。

教育到底是什么

一位博友邀请我观看《老师的眼泪》，我在该文后评论：教育本是一项传承人类文明、铸造民族精神的经天纬地的公益事业，许多学校却把目光盯在了"拔尖"和"出名"上。领导要政绩，学校要声誉，教师要饭碗，而实现这一切的"幌子"就是：告诉学生考上重点或名牌大学才有好前途，才能赚大钱。于是学生就沦为整个教育功利化的"工具"乃至"牺牲品"。教育不是"面向未来，面向世界"，而是"面向考试，面向拔尖"。这些尴尬不仅是教育过度功利化导致的怪象，也是对当今社会问题的直接反映。社会民众面对教育功利化现象，普遍存在无可奈何的情绪，这种情绪反过来又加重了教育功利化的程度——所谓你不能改变现实，只好去适应现实，哪怕是不合理乃至荒谬的现实。谁家没有上学的孩子？谁不对此有切肤之痛！谁都能指陈教育功利化之害。可惜"知易行难"，教育功利化之弊已形成共识，而反教育功利化之举仍步履维艰。在教育这个近乎残酷的"竞技场"中，人们推波助澜互相施虐，比着给名校送赞助费、择校费，比着抓分数抓出血来，比着摧残孩子们的身心健康。哲人有言，可怕的不是堕落，而是堕落时的清醒。教育功利化正是在人们的清醒中，甚至是在全社会的共谋下，一步步走向深水区。

读了李炳亭先生的《教育就是"活在当下"》，又联想到前段时间，武汉一名小学校长说"教育就是'今天睡好觉，明天不跳楼'"，不禁想，教育到底是什么？

教育即人学，目的是追求幸福

　　教育是什么？简单地回答就是"育人"。育什么样的人，怎样育人，是不同教育派别的分水岭。有的说"教育的终级目标是培养独立、自律的学习者"，有的说"教育说到底，是自我教育"，有的说是"传道、授业、解惑"，苏霍姆林斯基说"教育的终极目的应该是向人传送生命的气息"，泰戈尔则说"培养学生面对一丛野菊花而怦然心动的情怀"。

　　卢梭有一个著名论点：教育即生长。杜威进而阐释道：这意味着生长本身是目的，在生长的前头并没有另外的目的，比如将来适应社会、做出成就之类。此言精辟地道出了教育的本质，按照这个观点，教育应使每个人的天性和与生俱来的能力得到健康生长，而不是强迫青少年接受外来的东西。比如说，智育是发展好奇心和独立思考的能力，而不是灌输知识；德育是鼓励崇高的精神追求，而不是灌输规范。教育应使受教育者在上学阶段感受到学习是幸福的，是有意义的，并以此为动力给一生的发展创造良好的基础。一言以蔽之，教育即人学，终极目标就是使人幸福。

不是"解惑"是"解放"

　　何谓幸福？幸福不是男欢女爱的快感、自欺欺人的安慰、故作豁达的逃避，更不是金钱的积累、物质的叠加、情感的占有。幸福是一种利己而悦人、通透而洒脱、明智而悠然的心理状态。幸福是为心灵找到诗意栖居的港湾，为生命找到来去自由的归宿，为他人找到超越苦难的良方。换一个角度表述：幸福即是有健康的身体、自由的灵魂、适用的物质、人性的尊严和安全的保障。

从这个意义上讲,"解惑"远没有"解放"更重要。课改专家李炳亭对此有惊人之语:"现在的课堂快乐吗?课堂是由无数个45分钟组成的,组成12年。请问孩子12年快不快乐?上学不快乐走上社会会快乐吗?孩子在传统课堂中失去了创造力,个个都像失去了水分和生命光鲜的木乃伊。"他还把课改比喻为"从油锅里捞孩子",捞晚了学生就"焦"了,焦了就跳楼就自杀。实际想一想,追求幸福的教育就不应该将学生限制在教学内容中,因为学习内容只是工具,如果学生不能使用这些工具获得快乐,而且不能通过这些工具使未来的生活更加幸福的话,我们的教育还有何意义呢?

"解放"什么呢?解放学生的地位,由听从到自主,由被动到主动,由应付到牵引;解放学生的思维,由单一到多元,由僵化到灵动,由守旧到创新;解放学生的课堂,由灌输到探究,由独学到合作,由听记到思考;解放考试的压制,由选拔到督评,由频繁到简约,由单调到展示;解放教师的苦累,由弄虚到务实,由作假到求真,由硬塞到启发;解放学校的压力,由牢笼到乐园,由教室到舞台,由压抑到放飞。解放所谓的目标,由缥缈到实际,由漠视到尊重。

教育的核心是培养真正的人

学校教育的整体目标,在《中国教育改革和发展纲要》中表述为:"面向全体学生,全面提高学生的思想道德、文化科学、劳动技能和身体心理素质,促进学生生动活泼地发展。"这个目标在《基础教育课程改革纲要》中具体阐述为:"新课程的培养目标应体现时代要求。要使学生具有爱国主义、集体主义精神,热爱社会主义,继承和发扬中华民族的优秀传统和革命传统;具有社会主义民主法制意识,遵守国家法律和社会公德；逐步形成正确的世界观、人生观、价值观；具有社会责任感，努力为人民服务；具有初步的创新精神、实践能力、科学和人文素养以及环境意识；具有适应终身学习的基础知识、基本技能和方法；具有健壮的体魄和良好的心理素质，养成健康的审美情趣和生活方式，成为有理想、有道德、有文化、有纪律的一代新人。"

著名教育专家李镇西说："素质教育的精髓什么？那就是教育学生学会做人，学会学习。"学会做人，教师必须遵循育人之道。现代课堂不是教师教学行为模式化运作的场所，而是师生学习智慧充分展现的舞台。学会做人，学生不能是整齐划一、举止呆板的木偶，不能是知识的容器、应试的机器，而是一个个朝气蓬勃的生命体。他们能在宽松和谐的氛围中，有学习的需求、交流的冲动和表现的欲望，学生的自主性得到了充分发挥和展示，学生的思维能力得到了有效提高。现代课堂的目标是五结合：教师预设空间与实际空间相结合，预设教学目标与现场生成目标相结合，群体参与与个体参与相结合，知识传承与探究性教学相结合，学生自主探究与教师点拨相结合。

"真正的人"需要真正的教师去培养。传统课堂中，教师和学生是泾渭分明的，老师就是老师，学生就是学生，而现代课堂的精髓是引导学生为了展演主动去获取、创生、运用知识，教师是策划者、开发者、引导者、合作者、服务者。看似教师"退居二线"了，实则对老师提出了更高的要求。过去，教师背上一桶水，将学生的小杯子倒满就OK了，现在，需要师生共同去寻找水源，共同来"挖井"。教师要充满人文情怀，闪耀智慧光芒，洋溢探索气息；用思想影响思想，用智慧启迪智慧，用入境引导入境。好教师应能够着眼于诱导，变"苦学"为"乐学"；着力于引导，变"死学"为"活学"；着重于疏导，变"难学"为"易学"；着手于指导，变"学会"为"会学"。只有这样，教师才能真正由主演变导演，由经验变科研，由现成变生成，由师长变学长，由教者变学者。

教育家从哪里来

温家宝总理曾不止一次呼唤"教育家办学",全国教育工作会议也再次强调"教育家办学",这说明"教育家办学"已经上升到国家战略的高度。去年,在中国教育报和天津市教委联合举办的全国第二届未来教育家论坛上,柳斌在开幕式上做了"杰出人才从哪里来"的精彩报告,他说:"如果在我们国家'尊重知识,尊重人才'能成为一种社会风尚;如果教育能面向大众、面向全体,使受教育者养成勤学好问、博览多思的品格;如果学校和学界能形成求真求是、严谨治学的作风;如果年轻一代能具有刻苦钻研、锲而不舍的创新精神,那么,一个拥有13亿人口的人力资源大国,出人才、出杰出人才还会成为一个问题吗?"教育家到底从哪里来?

居高声自远,非是藉秋风

毋庸讳言,教育家最容易从高端产生。教育部委、教育学会、教科所、师范大学……这些教授专家们有着得天独厚的资源优势,有着无与伦比的话语权力,有着近水楼台的聚焦效应,教育家可以批量产生。批量产生的教育家难免鱼龙混杂,有人甚至担任数百家学刊顾问——显然有名无实。真正受人敬仰的教育家还得扎根教育,从实践中来,到理论中去，在相应的领域内被公认。

百年大计，教育为本。教育家必须是一个思想家，对社会乃至人类文明的现状有着科学的洞察，对教育的发展有卓越的远见，有独树一帜的理念与方法，并经受了实践的充分检验，有着相当的口碑和影响力。这样的教育家——居高声自远，非是藉秋风。

论剑知分晓，水落石自出

金字塔的顶端只能站少数人，没有先天优势的后起之秀，自然想华山论剑一决雌雄。在这个多元的社会里，机会还是有的。他们需要潜心凝志厚积薄发，他们需要层层选拔过关斩将，他们需要真才实学舆论认可。树立教育家不是造星，选拔教育人才也不是娱乐选秀。谁能杀出一条血路，谁是真正的意见领袖，谁最有影响力，谁才是教坛论剑的"王重阳"！

然而，文无第一，武无第二。教育家是难以排座次的，其实，也无须甄别与定位——百家争鸣，各领风骚。想成为教育家，必须有对教育理想的信念与追求，在教育实践中不断反省与深思，博采众长，去伪存真，甚至需要把对教育的追求内化为终生的信仰，身体力行地实践。这样的教育家——出类又拔萃，货真价亦实。

真若有锐气，脱颖于慧囊

这是一个盛产"作家"、"艺术家"、"企业家"的时代，但很少有人自称"教育家"，这是好事，起码说明教师群体还算自重，体现了教书育人的神圣感。但真若有锐气，藏也藏不住。现代传媒如此发达，木秀于林，"媒"好"报"之。再者，博客的盛行，也让草根有了自己的平台，毛遂自荐，粉丝抬轿，是金子总会发光的。

然而，锐气的培养需要天赋，更需要持久的努力，甚至呕血的付出。没有矢志不渝的坚定执着，没有九死未悔的献身精神，没有对芜杂现象的真知灼见，就不会和教育家有缘。教育家也该来自"田间地头"，来自"滚爬摸打"，来自"芸芸众生"。真希望每位老师即使没有"锐气"，也该有点"志气"，活出自己的精彩。

该封就要封，激浊再扬清

生活中不是缺少美，而是缺少慧眼；同理，中国并不缺少教育家，而是缺少"伯乐"，缺乏对"千里马"的发现、肯定和赞美。教育家需要发现，需要正名，就如教育学生需要榜样需要激励一样。我们不是要反对"功利"，而是要反对"急功近利"，只要遵循教育规律，有着超凡的智慧和杰出的作为，就可以在区域内树立本土教育家，作为普通教师身边的楷模。

那些恪尽职守、专业过硬、道德高尚的教师，只要"春蚕吐丝无杂念，甘为教育献青春"，该封（教育家称号）的就要封。有花堪摘直须折，当代活着的人很少有被称为教育家的，这不是一种笑话吗？大不了让历史来淘汰，或者激浊扬清，让事实来证明。

清者自清，浊者自浊，该是"家"的，桃李不言，下自成蹊；脑门上自我标榜的，自然得不到真正的尊重。真正的教育家应能经得起时间的考验。每一位教育工作者都具有教育家的潜质与可能。能否成为教育家，取决于成为教育家的那些潜质与条件能否得到充分的发挥与利用。这需要时代的培养和造就，需要良好的教育家成长的生态环境，需要选拔、荐举与推崇，需要教育工作者的个体自觉和不懈努力。

向李镇西学习什么

做了半年的教育培训工作,若问谁是最难请的名家,那一定是李镇西。"难请",当然是因为想请他传经布道的,太多太多!特级语文教师、最好的班主任、博士校长、中国的苏霍姆林斯基……这些身份和美誉交织在一起,构成了李镇西在基础教育领域特有的影响力。与那些司局级的专家比,李镇西仅是位校长;与那些助理开道秘书紧随的大腕比,李镇西坚持上课,日日写博,平常得就像邻家大哥。真正爱教育的人,读李的博客,很快就会入迷上瘾,进而成为铁杆粉丝。那么,李镇西的魅力何在?我们又该向他学些什么呢?

学习他的爱心与民主

李镇西观点:爱不等于教育的全部,但教育不能没有爱。爱不是迁就学生,不是放弃严格要求和严肃的纪律。不是溺爱,要关爱。再拿一个令班主任和老师都头痛的后进生问题来说,他告诉我们:"不要把后进生当成头痛的问题,而要把他们当课题。"与其去争那几个有限的市级课题、省级课题、国家级课题,不如去解决眼前的实际问题。其实解决实际问题的同时就是在做研究型的教学,就是在做实际的课题。他认为"从'心灵'到'民主',其实并没有什么本质的不同。因为'民主'本身就是对'心灵'——实质上是对'人性'的关怀"。随便翻阅李镇西的名著:《青春期悄悄话——致中学生的101封信》、《爱心与教育——素质教育探索手记》、《从批判走向建设——语文教育手记》、《走进心灵——民主教育手记》、《教育是心灵的艺术——李镇西教育论文随笔选》、《风中芦苇在思索——李镇西教育随笔选》、《做最好的班主任》、《做最好的家长》、《做最好的老师》、《用心灵赢得心灵——李镇西教育演讲录》、《我的教育心》……在这些书里,爱心在流淌,民主在建设。

"没有爱,就没有教育。"李镇西说,"对学生的爱,应建立在尊重的基础上、民主的基础上。善待孩子的未来,是教师的责任和本分。"他读陶行知、卢梭,读苏霍姆林斯基,从古今中外那些平实而伟大的教育思想中汲取养分,寻求并构建具有普遍意义和价值的教育理念。他强调:校园文化建设的核心内容,是有美好的故事传颂,是让每一个从这里走出的学生终其一生都留下温馨记忆。于是,我们看到:他和学生在周末骑着自行车一路狂奔,用笑声装扮田野;他给一位普通的理发师作传,用温馨感化平凡;运动会开幕式,一个学生"抱怨"他中途退场,李镇西真诚反思,用滴水折射太阳。苏霍姆林斯基说"教育的终极目的应该是向人传送生命的气息",泰戈尔则说"培养学生面对一丛野菊花而怦然心动的情怀"。李镇西不仅时时身体力行地传送着生命的气息,他那种"面对一丛野菊花而怦然心动的情怀"更是让人高山仰止。如果说李镇西的爱心是"润物细无声"的,那么他的民主则是"金刚怒目式"的。他为民工呼吁,他向领导逆言,他欣赏"摸摸奥巴马的头"的图片,甚至刻意纠正网友的留言:这是"人民的"教育事业!

学习他的勤勉与敬业

在李镇西博客置顶的文章中,有这样一段话:"现在我的工作量之重,远远超过一般老师的想象。因此现在我只回我校老师和学生的信——因为我是这个学校的校长,解答我校老师学生的疑问,是我的本职工作。每学期我给本校师生的回信至少都在几万字以上。除此之外,还要备课上课、找学生谈心、家访、找老师谈心、为我校老师修改论文和故事(这也花了我许多时间)、接待来校视察的领导、开各种无法拒绝的会……长期超负荷的工作,长期的熬夜,长期的失眠,正在压垮我的身体——七月份体检,好几项指标都亮红灯,医生明确说,你不能再这样劳累了!必须调整自己的工作!"

　　其实,又没有三头六臂,他不说我们也能理解,从30多本畅销的教育名著中,勤勉溢于言表;从那碗"清汤荞麦面"中,乐业无须赘述。最让人感动的还是他写博客的细节:"他几乎每天清晨4点钟到校。远远地把车停在校门外,开了车灯,熟练地打开他随身的电脑,蜷曲在车里写日志。他不在家里写,怕打扰妻子睡觉,他不进校门,是怕影响了门卫休息。他每天都写,无论多忙,他写是为了引领着老师们也写,他说要让每个教师通过写作也能拥有一份和他一样的幸福。"(摘自李炳亭《李镇西:教育是一种信仰》)

　　如果说20年前如此勤勉可以理解,问题是功成名就后仍玩命工作就不可思议了。以李镇西现在的影响,他可以不费吹灰之力,官升三级,活儿减七分,轻松安逸,逍遥自在。可他就喜欢和孩子打成一片,就喜欢泡在课堂,就喜欢熬夜写作——天底下有几个这样的校长呢?有哪个校长甘愿放弃财务大权呢?又有哪个校长能记住每一个学生的名字!仅凭这一点,李镇西就值得全国教师学习。

学习他的读书与写作

　　李镇西在《冬天的童话》里曾写道:"《给教师的一百条建议》已经

不知读过多少遍了——封面补了又补，书页已经卷角，里面有不同时期阅读时留下的勾画批注；但每次打开，我的心都会舒展开来，苏霍姆林斯基的思想总会如涓涓溪流注入我的灵魂。每每忍不住掩卷沉思，继而仰天慨叹：几十年前苏霍姆林斯基的观点，怎么像针对当今中国的教育现实提出来的啊！"李镇西在《永远守住一颗教育的心》中又对青年教师娓娓而谈："要加强阅读。我知道你们都很忙，但再忙也不要放弃了阅读。你们知道，我是非常忙的，但我每天无论如何要抽时间阅读。外出开会，我都要带一本书，有空就读。要把阅读当作一种生存方式，或者说是我们生命的一种呈现方式。就像每天都要洗脸刷牙吃饭一样，每天都要阅读。我这里有很多书，以前我都是赠送，现在我不送了，因为送给老师，老师觉得这书来得太容易，而且觉得反正是自己的，所以往往不读，只是放在书柜里。现在我都是借，规定时间归还，并且要求在书上勾画批注。要有阅读的痕迹。以后，这些书读的人多了，就会留下不同老师的批注，这本书多么有价值。存放在学校图书馆，若干年以后，比如一百年以后的老师看到这些书，会有怎样的感慨？我希望你们要养成勤于阅读的习惯，这是你们一生源源不断的精神养料。"

阅读和写作堪称李镇西生命存在的特殊方式，他用阅读观察世界，又用写作抒发性灵。阅读和写作，让李镇西诗意地栖居在自己的精神家园，执着地做一名"悲观绝望的理想主义行动者"。李镇西告诫青年教师要勤于写作，经常记录自己的教育故事和感受，他说："每天的生活经历都是财富，记录每天的教育故事，就是采矿，时间一长，经过提炼，这些矿藏都会变成黄金！这是教育对你们的馈赠。我特别提倡你们跟踪一些特殊学生的成长经历，也是你们的教育经历。这样的故事写起来也很有意思，因为每一天都充满悬念。我当年记录万同的故事就是这样的。一个优秀老师和一个平庸教师还有一个区别，就在于是否坚持记录自己的教育实践。如果我们不及时记录，很多教育财富就从我们的指缝中白白流失了，多可惜啊！"

学习他的真实与朴素

我在李镇西博文《和女儿心贴心》后评论："除了羡慕就是嫉妒，你李镇西天下风光占尽了，自己那么出类拔萃，养个女儿又那么卓越非凡，这还不算，关键是那么漂亮！你让别人怎么活啊！哪位网友愿意借块豆腐，我想撞死算了……"

我多次说，李镇西是我最崇拜的偶像，我敬仰他的人品，欣赏他的才华，钦佩他的勤勉。其实，我更欣赏他的真实与朴素。李炳亭曾经这样写道："当很多人以教育家自居，忙着独树所谓的教育'流派'时，他却敢于四下杜郎口中学，握着崔其升的手自称'我是来学习的'，弄得崔其升诚惶诚恐。当很多人诋毁杜郎口模式时，正是他蜗居在杜郎口镇上的一家小旅馆里，连夜奋笔疾书'万言'，反问'谁说杜郎口不是素质教育？'"

读李镇西的博客，很容易发现他是位性情中人，丝毫不掩饰自己的喜怒哀乐。他喜欢与学生"没大没小"，也愿意与老师"原形毕露"。笑，笑得那么天真；怒，又怒得那么酣畅。每一个教育者都有过热血沸腾的时候，都有过透明的童心，只是随着时间的推移和年龄的增长，我们的热血慢慢冷却，我们的童心渐渐锈蚀。然而，功成名就知天命的李镇西居然还保持着火热的激情、赤诚的情怀、透明的童心、纯正的良知。我只能说，这是中国基础教育界的奇迹。让人想起了那句话："真正的英雄主义只有一种，就是看透了这个世界，并仍然热爱它！"

在这个虚假泛滥的社会里，李镇西就是那万绿丛中一点红，红得自然，红得耀眼！"真实"往往与"朴素"联姻，而李镇西的博客名称就叫"朴素最美"，从中不难看出他对朴素的追求。在这个奢华喧嚣的社会里，能活出真实，追求朴素，这不值得我们学习吗？

最后，让我用李镇西给快乐下的定义来收尾吧：什么是快乐呢？

快乐，源于善良：让人们因我的存在感到幸福，就是最大的快乐！
快乐，源于知识：畅游在浩瀚知识的无边海洋，就是最大的快乐！
快乐，源于童心：永远保持赤子般的纯净无瑕，就是最大的快乐！
快乐，源于超越：战胜自己并争做最好的自己，就是最大的快乐！

学生为什么这么"欢"
——访杜郎口侧记

杜郎口没有"新闻",校门两侧的空地上依然排满了来自全国各地的大客车,平均每天有600名外地教师来参观学习;校园里依然是人头攒动,恍若旅游胜地;楼道里仍然是五彩缤纷,令人目不暇接;教室里仍然是"知识的超市","生命"在"狂欢"。

杜郎口只有"震撼"。阅历丰厚、见识广博、"不容易激动"的冯恩洪到杜郎口后大发感慨;来自河北重点高中的李文君老师郑重地跪在"杜郎口中学"几个大字的正前方,一拜表衷肠;一位河南洛阳的女教师在参观杜郎口的课堂时,感动得泪流满面,一周后,她把14岁的独生女儿送到了杜郎口学习……

"震撼、激动、感慨……"几乎每个参观者在评价杜郎口时都离不开这几个关键词。对于杜郎口的教学模式、课堂盛况、课改评价,媒体的报道连篇累牍,对于杜郎口的学生,却鲜有人探听口实。笔者四访杜郎口,将触角伸向学生,试图从一个侧面解读杜郎口的课堂为什么这么"欢"。

学生喜欢这样的课堂

初一年级的学生刘晓谈感受时说:"自从升入杜郎口学习以来,我的性格变了许多,由一个内向的小女孩,变成了一个活泼开朗外向的女孩子。在这里,我找到了自信,找到了从前没有过的那一份激情,现在的我越来越喜欢上学,我希望这样自我展示的课堂会一直持续下去,让同学们尽力挖掘自己的潜能,让课堂成为我们自由展现的舞台。"刘晓还说:"我上小学高年级时从来不举手,现在遇到问题也爱和大家讨论了。以前只有一个同桌,现在有五个,上课时大家一起面对面讨论,有了问题就直接交流,这样的课堂真的挺有意思。"

初三的张志远同学说得更好,杜郎口的课堂为学生留足了自我表现的时间和空间,让他们获得同伴的认可,在竞争中得到满足。张志远说:"每节课的目标很明确,先通过自学将不会的问题标出来,对学时,既能在帮助'搭档'中巩固知识,又能在质疑思辨中发现问题的实质。如果小组讨论都未能解决的问题,自然会铭记心头,别人讲解这个问题时就听得格外用心。最值得期待的还是课堂'展示'环节,我们同学会将所学知识用快板、歌谣、口诀、图画、小品、话剧、演示等各种方式呈现出来,看着好玩,听着有趣,品着有味,记得牢固。轮到自己展示时,那种手舞教鞭、分享智慧、发表演说的滋味蛮好的。我们的课堂没有人走神,没有人厌学,也没有人盼着下课。"

初二的赵慧语出惊人:"我们累啊,所幸特别充实。女生没有时间梳小辫照镜子,男生没有时间说废话侃大山。虽说没有作业压着,但预习笔记不可少啊,每周还要出张小报,写份反思……"笔者问她,睡眠时间够不够,这个鬼丫头调皮地说:"够是够,可毕竟春困嘛,要是上课能打盹就更好了。"说着,笑嘻嘻地跑开了。

文化场与展示歌

杜郎口的学生:听,全神贯注,聚精会神;说,落落大方,侃侃而谈；读，铿锵有力，有滋有味；写，字体工整，快速潇洒；演，角色投入，体验深刻。

是什么让他们如此从容自信，是什么让他们积极踊跃，是什么让他们与众不同？

环顾教室四周，一条条张扬个性的标语令人热血沸腾。"以人为本，关注生命"、"课堂小天地，生活大舞台"、"每一个人都是创造之人"、"我的霸气无人敌，快乐课堂我称帝"……遍布教室楼道的凡人慧语，更让人激动不已。那些诗作虽显稚嫩，却是真情的流露；那些警句并非出自经传，却透着本土亲切的气息。走廊里呈现的书法、绘画、手抄报、剪纸等都是学生的作品，是什么让杜郎口拥有成功的今天？答案是：文化！

文化，就是以"文""化"人。哲人说："功夫在诗外。"的确，一种教育模式的推行，必定要有相应的教育生态环境与文化氛围。"时时搏击长空的雄鹰才是天地间真正的英雄"，"演绎学海舞台，吾为课堂主角"，"一万个决心抵不上一个实实在在的行动"，"善于合作的人，将是进步最快的人，也是实力最强的人"，"不要羡慕别人的特殊，为了你的唯一而欢呼吧"，"雄心壮志是黑夜的北斗星"，"欢乐就是健康，忧郁就是病魔"，"得意不忘形，失意不失志"，"只有改变思维和心态，才能焕然一新"……这些振奋人心的语言比比皆是，浸润在这样的"文化场"中能不受到影响吗？

每一个学生都有被认可、受关注、得褒奖的愿望，这就是"表现"的价值所在。表现才能产生兴趣和自信。兴趣才是快乐的源泉，自信才是发展的阶梯。没有兴趣就没有动力，没有兴趣的学习只能是痛苦的煎熬；没有自信的人生也注定是垂头丧气的。而杜郎口正是以学生的自我展示来激发学习兴趣的，为了让展示能振作精神，杜郎口还编了展示歌：

　　　　我自信，我最棒，聚焦点处来亮相。
　　　　胸挺直，头高昂，面带微笑喜洋洋。
　　　　嘴里说，心中想，脱稿不再看师长。
　　　　吐字清，声洪亮，嗯啊口语别带上。
　　　　一握拳，一挥掌，肢体语言能帮忙。
　　　　展示完，忙退让，褒贬评价记心房。

外一首：
　　　　展示发言聚焦点，肢体语言作渲染。
　　　　口语去除并不难，真心流露情饱满。

终于找到了当明星的感觉

　　究竟是什么把孩子的目光牢牢锁定在课堂里，使这群孩子沉浸在求知的快乐里心无旁骛？这一个个孩子，难道被施了魔法，竟在这般自由的环境下如此有序、有效地学习？

　　海原同学原是北京某中学的初一男生，因好动贪玩，迷恋网吧，成绩始终垫底，父母花了好多钱转学、请家教都无济于事。去年春节后，海原一家三口慕名来到杜郎口，体验了两天后，海原决定留下来学习。

　　促使海原留下来的原因就是杜郎口的课堂可以"动着学"、"学跟玩似的"。如今已经非常健谈的海原和笔者聊起一年来的变化，非常感慨。他说："我在北京上学时，同学之间虽然团结，但学习气氛很淡，一上课就想打盹，一听到'作业'二字就头疼。我们成绩差的座位被排在后边，也没人搭理，只能苦苦盼着下课好玩一玩……现在不同了，老是感觉时间不够用的，不知不觉就下课了，午休时感觉累就睡得香，醒来再精神抖擞进课堂，寻找当明星的感觉……"

　　海原说，他刚来杜郎口的头三个月，感觉特郁闷。上课不敢回答问题，只能看着别人出风头；板书也没有别人漂亮，老给小组拖后腿；唯一的收获是他的"好动"在这儿变成了优点，在北京上学时因为好动、坐姿问题，没少挨批评，在杜郎口谁若不动起来，就学不到新知识。原先的老师讲个不停，海原的注意力只能集中三五分钟，现在同学们轮番上场，时时都很新鲜，还要寻找自己展示的机会，哪有再开小差的可能。

不再走神的海原学习进步很快，但真正让他感悟到知识是如此重要、学习是如此美好的，还是那次"当明星"。上学期，学习《人民英雄纪念碑》这篇课文前，海原找到老师，主动要求做课件，并保证能绘声绘色地讲出来。原来，海原的奶奶家离天安门只有三站地，爸爸在历史博物馆工作，自己又爱玩电脑。双休日，本地的同学都回家了，海原跑进值班室，上网搜图片，打家庭电话请教，忙得不亦乐乎。经过精心的准备，轮到海原"展示"了，他的多媒体课件一下子将全班同学"镇"住了，外地听课的老师也越挤越多，他俨然明星一般成了关注的焦点。在阵阵掌声中，海原还把他爸爸帮助推敲的诗歌配着图片呈现给同学们："虎门销烟表决心，金田起义斗封建。武昌五四为转折，五卅运动点火焰。南昌枪声不平凡，抗日敌后游击战。雄师百万渡长江，五亿神州笑开颜。"这四句，恰好说明了东南西北四面。每句按历史顺序排列，前四个字说出事件，后三个字表示意义。这首小诗赢得了众多老师的啧啧称赞，同学们更是对他刮目相看。当晚，海原在日记中写道：那一刻，我终于找到了当明星的感觉，为了这，我要更加刻苦地学习。

海原的妈妈还告诉笔者，在杜郎口一年，海原明显懂事了，不仅生活自理能力大大提高，每次回家休假，都是抢着做家务。以前他爱将自己的臭袜子乱扔，现在看到别人拖鞋放不整齐他都要起身去摆弄一番，真是判若两人。

不可思议的粉笔头

杜郎口，有三怪：上课不见老师在，四面黑板搭舞台，动静适宜展风采。"上课不见老师在"，是没用心观察，其实，老师就混在学生间。因为外来观课的教师众多，且如逛超市般随意走动，再加上杜郎口的教师轻易不开口，所以，杜郎口的课堂给人的感觉是"无师自学"。"四面黑板搭舞台"，是杜郎口课堂的外在表征，在"展示"或"反馈"环节，经常看到几十位同学齐爬黑板，连教室外墙的黑板都用完后，还挤不下的同学就在地上用双色粉笔书写。

值得欣赏的是，杜郎口的学生板书非常工整，仿佛全部经受过严格的书法训练。而且，他们的审美追求特别高，无论是预习笔记还是黑板展示，每个同学都注重版式的美观和双色笔的使用，看起来既赏心悦目，又重点突出。值得赞叹的是，杜郎口的课堂"动如脱兔，静如处子"，且该动时一个手势即可变换阵形，该静时递个眼神瞬间鸦雀无声，整个课堂显得忙而不乱，杂而有序，十分协调，效率很高。

最不可思议的是杜郎口同学的纪律性，令行禁止，整齐划一。学校要求"人走桌净"、"物归原处"，学生会在就餐后将桌椅擦得干干净净，还会随时随地捡起地上的纸屑、果皮等垃圾。值得一提的是，杜郎口学生每节课都用许多粉笔，但在任何一块黑板下都看不到一丁点粉笔头。有位参观者感慨地说，在一般学校，哪怕只有一位老师书写，黑板前也满是粉笔头，难道是杜郎口的粉笔特结实，不容易折断？笑过之余，谁心里都明白，杜郎口学生的行为习惯养成得太好了！

在三天的采访中，笔者终于在楼道里发现了一个粉笔头，特意掐表观察，第一对走过的学生专注于讨论问题没有发现，第三位经过的是外地老师，自然熟视无睹，第四位是杜郎口的老师，若有所思状，没发现……快一分钟时，走来一个男同学，很自然地弯腰捡起，笔者拦住问道："这是你的卫生区吗？""什么——不是！""那你为什么要捡粉笔头？"这位学生很不理解地盯着笔者，说："我为什么不捡？我们同学只要发现了都会捡的！"

为集体荣誉负责

入木三分找差距，精益求精谋发展。杜郎口的反思文化可谓影响深远，不仅每周一每位老师要公示自己的反思板，每天的早晨和中午还会当众反思。这些反思可不是走过场，而是"吹净浮土找裂缝，借助检查自批评"，有时还有老师心甘情愿地现场掏钱搞"自罚"。可以说，"反思"精神浸透于校园的每一个角落，甚至空气中也弥漫着反思的气息，杜郎口时时事事处处人人都在反思。这种反思已经成了教师们的自律行为，一种对教育宗教般的情怀。有人问徐立峰老师"杜郎口的老师累不累"，徐老师回答说："在我们学校，老师如果不认真工作，大家都会看不起他，他会感到耻辱，那才是累！"

老师的反思精神，自然会影响到学生心灵。每个周末的班会课，三个年级都会选择不同的主题进行反思。这样的反思会，班主任只是倾听、记录，很少作点评与总结，主要由同学自行组织。一般方式是，先在小组内陈述反思，组员分别点评并打分，组长还要把本小组在上周的各项表现作一综述。最终评出诸如表现之星、脱口秀、进步大王、书法家、小能手、赛老师、最佳组长、黄金搭档等荣誉称号，评选出的结果可能给家长寄喜报，可能校会时表彰，可能上学校宣传栏，还有可能制作成标牌大放光彩。

总之，在杜郎口中学什么都进行评比，看得见的比，看不见的也要比，他们在各种的评比中作出肯定、表扬，及时找出不足，改正不足，不断完善发展。这种评比，各个学校都在搞，但能像杜郎口那样落到"实"（他们的门前巨石上就刻着这个字）处的，不多见，能坚持不懈细致入微的，少而又少。杜郎口已经形成较为完善的六大评价系统，即验评组评价、学科组评价、年级评价、班组评价、教师评价、学生评价。其中，年级组每天根据检查给每个班排名，教师把学生在课堂上的表现进行小组排名，小组长每天给每位同学表现进行排名。

初三的张健告诉笔者，每组有一位同学为组长，小组中六位同学都有分工负责所学科目，小组中每个人各司其职，都有一份责任和义务。在班级管理中，小组联动可深入到各个方面，比如上课、上操缺勤，平常的违纪等均可采用小组联动予以奖惩。王老师说："小组式的学习生活，让这些独生子女学会合作和体谅，并懂得要为集体的荣誉负责任。"这种评价机制看似繁琐，其实非常灵活。每个成员在长期的反思精神的浸润下，严于律己，宽以待人，小恶习逐步自控，尽善尽美渐渐内化为自觉的追求。

我有一个梦想

我有一个梦想，恹恹欲睡的课堂变得令人向往。我梦想学生不再厌学，教师职业成为香饽饽；我梦想学校变乐园，讲台成圣坛，在生唱师和中教学相长；我梦想学生爱文学，在陶冶性情的经典名著中自由采撷；我梦想学生都勤奋，劳逸能结合，时光无蹉跎；我梦想教育真正实现德智体全面发展，以人为本，因材施教，共享和谐。

我梦想学生都嗜学，放学后舍不得回家，还没睡倒就盼着天亮；我梦想学生看到陌生的字词就像财迷觅珠宝，占有才后快；我梦想学生遇见优美的语句就像小伙看姑娘，两眼发贼光；我梦想学生对待好文章就像久旱逢甘霖，不读岂酣畅；我梦想看电视不忘欣赏台词，听广播想着校对发音，就连街头广告也不放过，那里面有标语，有对联，有奇趣……我梦想学生衣兜里装张字纸，写着每天要背的诗词名句，等车的空隙，掏出来瞅瞅——是自发的追求，是进取的享受；我梦想学生衣兜里装支铅笔，做生活的有心人，随时记下稍纵即逝的思想火花，坚持写读书笔记与日记。

我梦想学生都会玩，在长跑中磨炼意志，在太极中领悟沉静，在足球场上揣摩协作的意义，在拔河绳侧展示团结的力量，用乒乓球训练灵敏，做健美操追逐阳光，篮球排球拼才艺，象棋围棋测智商；我梦想每个学生都有展示的舞台，每个舞台都有学生的精彩。

我梦想教学都务实，不只顾细抠"贴翘颈食"的另类读音，不只纠缠"魑魅魍魉"的罕用字形；不死背古文，学生真正懂了，不说他也会用功；别只顾抄记作家作品与名号，会学活用万事通。我梦想学习不是为了考试，考试仅仅就是考试，别那么频繁，别那么僵死，别唯分数论，更不要"一考定终身"。我梦想学以致用，学了会用，学用结合，需用才学，没了学习兴趣，干脆先干点别的，与其硬拗羊头，不如顺毛赶驴。

我梦想课堂多变幻。课前三分钟演讲，课后五分钟练字，每日抄一格言警句，每周背一诗词曲赋。语文教学别再像医学那样搞解剖，完整的诗篇纵肢解得七零八落，学生学到的也仅是皮毛。既然老师嚼得再好的馍，学生都不愿吃，干脆让学生自己阅读好了，让他们自己去选择，自己去发现，自己去领悟，自己去感慨。老师只要调动兴趣，提供范本，教给方法，答疑解惑就可了。故事会、演讲赛、手抄报、征文展——变着法儿让学生表现，让他们竞争，让他们看到自己的进步，让他们有成就感，让他们感觉学习是那么美好，学习是发自肺腑的需要，学习一时一刻也离不了！

我梦想思想求解放。让学生在乐而不淫哀而不伤的《诗经》中怀想原古的纯朴；让学生在汪洋恣肆的《庄子》中领略雄辩的风采；让学生在开创传记文学先河描摹人物呼之欲出的《史记》中体察人性的复杂，学习写作的技法；让学生在融社会形态、政治关系、奋斗理想为一体而不事说教的《西游记》中洞悉社会弊端，培养大无畏精神；让学生在如行云流水既有思辨色彩又不乏文学意味还能触动心灵的《把栏杆拍遍》中，把栏杆拍遍……

我梦想每天五节课，每周歇三天，中午可休息，晚上早安眠；我梦想学生自己留作业，自发去求索，主动去拼搏；我梦想学生在自由的状态中争分夺秒只争朝夕；我梦想学生在民主的氛围中加强修养见贤思齐；

我梦想人人都懂得"己所不欲，勿施于人"；我梦想人人都做到"我为人人，人人为我"；我梦想大中华就是桃花源，桃花源就在全中国；我梦想……

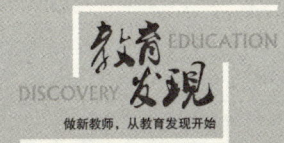

第三章
论道课改

课改并无玄妙,只要厘清一些概念,回到源头上审视常识,往往会有顿悟之感。比如,"学校"之所以不叫"教校",可见,"学"比"教"重要得多;"教学"——"教"的其实是如何"学";"学生"——"学"之重点在"生成";"生成"——没有"学生"的参与什么也"成"不了。

李炳亭突围

  教育界没听说过"杜郎口"的估计不多，了解崔其升而不认识李炳亭的估计也不多。课改不知崔其升，瞎子熬油白费灯；课改不识李炳亭，黑路漫漫天难明。很难说是李炳亭成就了杜郎口，还是杜郎口成就了李炳亭，这是"鸡生蛋还是蛋孵鸡"的关系，搞不清。中国教师报、李炳亭，崔其升、杜郎口，他们的组合就是中国课改的最佳名片。

霸气是怎样炼成的

  李炳亭给我的第一印象是"霸气"。那年十月"第七届中国名校长高峰论坛"，他在襄樊作报告，别人全是站着，他偏走到中央的桌前坐下，开口就是"我是一个有影响的人"……他的霸气还表现在暴躁、尖刻、舍我其谁。读他半年来的博文，就感觉他受到无数人的毁谤，就像挡在堂吉诃德面前的硕大风车。于是，他以笔为剑，口出狂言，大骂专家，睥睨特级；他没事找茬，论坛叫板，批评异见，甚至和匿名小人"街头"对骂；"产业化"之争，他与好友面红耳赤；"新教育"批判，他不惜挑战权威……霸气就是这样形成的。

  细读他的博客，走进他的内心，才发现霸气的背后更多的是才气和骨气，暴躁的背后是泣血的焦虑和忧心，尖刻的感受来自语言的犀利和个性的直率，舍我其谁的孤傲则出于胸怀大志义不容辞的诱因。细读他的博客，很容易发现他的睿智、胆识和悲悯情怀。"彼乘骐骥，我独骑驴；彼驾飞舟，我偏结筏。"他和传统教育过不去，恨不得批倒骂臭再踏上一只脚；他和"满堂灌"的教学过不去，揶揄成"母猪再会产崽也成不了育儿专家"；他和不温不火的稳妥过不去，要打造一支"有教育信仰的传媒铁军"。

他的才气不仅在于18天写成《杜郎口旋风》，并一举颠覆传统课堂；他的才气也不仅在于十多本教育专著，数千场讲座报告。他的才气藏在那篇不足千字的《我的小妹》中，他的才气隐含在三五篇"泣血咳字"里。他能用寥寥数语，勾出你的泪来；他能用三五行字，让你笑得肚子疼；他还能用字里行间埋的包袱，让你拍案叫绝！

从油锅里捞孩子

说来难以相信，个性张扬走南闯北的李炳亭差点皈依，躲进寺庙，不闻人间烟火。出家无门，"捞孩子"就成为了他的宗教。他多次在博文中披露：每思考一次教育便多一次痛苦！他看到孩子们在油锅里挣扎就痛心不已。他就像在海滩上捡小鱼的那个男孩，"这条小鱼在乎"，"这条小鱼在乎"！他认为改变一位校长就能影响百位教师，就能使上千个学生脱离苦海，就等于造福上千个家庭，这是多大的功德啊！为此，他曾一天之内，独自驾车去青岛绕聊城再回济南，他曾将自己关在一个小宾馆里，两耳不闻窗外事，一心为写课改书。

他无法休息，来北京后，忙得都忘记了家在何方了。他在《这个是真我》的博文中写道："简直是太忙了。星期一出报，我必须一早赶回编辑部，一直要盯到晚上很晚，星期二一般上午是总编办公室会议，下午呢，是全体编辑记者会。周三我干什么？一般是出差，这段时间，我泡进了发行里，一个省一个省地跑，一般情况下，人家会要求我送一场讲座，还要抽时间去看学校或者座谈，累呀，我几乎都是拖着身体回到床上的，躺下就死了一样。第二天是星期四了吧，我还要赶往下一个城市去，依旧是见某人、做讲座、看学校……一直到周末，我要赶飞机回到北京。即便是在京，我还要会客，接待我的、报社的客人，大抵算算，我每天工作的时间不少于16小时。"

他有资格安逸，却舍不得稍微休息。有人笑他自恋，笑他不自量力，甚至还骂他傻，可谁能真正理解他的宗教般的情怀呢？谁能解读他的教育信仰呢？他说："要是随便就有个人或者某件事就轻易把我打倒了，我还是我吗？我就是天下最好的男人！这没办法，上帝就是这样造出了我，造出我时他老人家就以那样欣赏的眼光看着我，从那一刻开始我就知道自己卓尔不群，我就知道自己就是为改变中国而生的。"

让中国教育因为我们而改变

李炳亭梦想用"杜郎口"去改变中国的教育，他甚至"狂妄"地高呼：让中国教育能因我的存在而得到改变！中国教育早已久病成疴，假如我没有责任，我不会如此激进；假如我找不到良方，我不会不遗余力。至于与我相关的名利，早看淡了。这是怎样的一种豪气，英雄孤胆，大有长坂坡一战的雄勇！上天入地，唯我独尊，不是谁都能有这等气概的，不服不行，他天生就是干这事的，狂得有资本，没办法……

但再狂的人在"搬动一张课桌都要流血"的现实中，注定会遭遇许多无奈，何况李炳亭又行事乖张。李主张彻底地与旧课堂绝缘，颠覆而不是改良！他还说：那些习惯于"拖着辫子"的人，永远是我们的敌人！辱骂和指责甚至"流血"是再正常不过的，吾辈要以"教育救国"，突破就在课改，唯此才可和专制道再见，才可拒绝"奴性"，培育"公民"。肩承大梦者，当具牺牲精神、战斗气质，突围再突围！

《中国教师报》给了李炳亭突围的机会，他在力所能及的范围内大尺度突破。五年前，他以八版联动的罕见阵势捧出杜郎口；今天，他又以"六朵金花"陪嫁新课改；乡村的杜郎口成了中国教育的圣地，如今的"教师报"也成了课改的天堂。"六朵金花"之一的"现代课堂周刊"不仅指引着课改的方向，还成为基层学校实用高效的课改说明书。改版后的《中国教师报》以新闻为龙头，以周刊为特色，走专业办报和质量提升的路子，全力服务和促进中国教育的变革。他将办报目标定位为：发挥对中国教育的领导力，让中国教育因您而改变。相信这一切，会因李炳亭而更精彩！

杜郎口能否催生教育新时代

从孔子的"愤启悱发"到苏格拉底的"产婆术",从夸美纽斯的"班级授课制"到赫尔巴特的"四段教学法",从泰勒的《课程与教学的基本原理》到佐藤学的《静悄悄的革命》……到底什么样的课堂才是理想课堂?孔子创立的私塾和苏格拉底讲学,其组织形式主要是个别教学。我国宋代以前的各级官学和私学,欧洲古代和中世纪的教育均采用个别教学,它是漫长的奴隶社会和封建社会中主要的,甚至唯一的教学组织形式。个别教学就是教师在同一时间以特定内容面向一个或几个学生进行教学。这种教学组织形式办学规模小、速度慢、效率低,但却能较好地适应个别差异。17世纪以后随着班级授课在世界范围的普遍采用,个别教学就成为了教学的非主要组织形式。但在20世纪五六十年代,个别教学在欧美各国重新受到重视。

天下大势,分久必合,合久必分。以"班级授课制"为代表的"集体"教学方式能否再"分"一次,回到"因材施教"的"个别"教学上来?或者,能否创建另一种模式来取代班级授课制,比如杜郎口模式?众所周知,杜郎口的课堂迥异于传统的"班级授课",表现为:黑板多了,位置"乱"了,师生关系变了……杜郎口中学的"三三六自主学习模式"彻底颠覆了传统的课堂,将课堂话语权真正还给了每一个学生。

目前,带有浓厚应试教育背景的班级授课制频遭诟病,学生厌学成风,课堂死气沉沉,教师苦累不堪。而杜郎口中学在一无优秀师资,二无高科技装备,三无掐尖式生源的情况下,凭借"预习、展示与反馈",依赖"相信学习、解放学生、利用学生、发展学生",把课堂成功地变成了"知识的超市、生命的狂欢",升学率还连续多年名列前茅。这个招来50万人次参观学习的"乡村野校",这个被复制、受朝拜的"课改典型",有没有当年小岗村18户农民私分田地的历史意义?

小岗村被公认为"中国改革第一村"。可以说,中国没有一座村庄,会像小岗这样导致乌托邦式人民公社的彻底解体,并从根本上孕育了社会主义市场经济。上溯30年,那18户农民做梦也不会想到自己按下的那些手印,居然能改变13亿中国人的命运!那么,30年后,当杜郎口式课堂在全国遍地开花,学生成为学习的真正主人,学校成为最令人向往的地方时,矢志不移坚持课改的崔其升们能享受"中国教育界的哥白尼"这类的称号吗?笔者对此持乐观态度。

首先,今天这个时代,知识发展日新月异,自学能力至关重要。杜郎口对"学习能力"的重视与培养,是传统课堂无法企及的。传统课堂对教学效果的考查死盯着"学会了没",而杜郎口始终关注的是"会不会学"。境界差别,一目了然。

其次,杜郎口真正实现了对学生的全面"解放",不仅彻底激活了学生表现的欲望,还将束缚学生思维和创新精神的一切桎梏砸得稀巴烂。讲台撤了,到处都是学生展演的舞台;多元互动,真正实现了"棋逢对手,将遇良才";用以促学,杜郎口在"学习"与"应用"之间用"展示"搭建了绝好的桥梁。从人的功利本能出发,"即学即用,用以促学,学用相长"是理想化的课堂。笔者以为,知识和技能的掌握只是表象化的学习,做人与求知的和谐进步、学会适应及改造生活能力的不断提高才是课堂有效性的最好证明。杜郎口的"让学生动起来",让每一个学生能认真思索并积极发言,这才是最适合的教育。

第三，事实证明，杜郎口具有普适性。中国教师报发布的九大教学范式，无一例外，都受到杜郎口的影响。"让学生动起来、让课堂活起来、让效果好起来"，杜郎口充分发挥了学生固有的表现愿望，并使之定位于知识的学习、特别是运用上来。以"严禁教师多讲"的方式把课堂还给学生，以"自学、对学、群学"来开拓学生的自主空间，以"激励、唤醒、鼓舞"来挖掘学生内在潜能，并在多重展示中照顾到每一个学生的实际需求。这是求真务实的，也是容易做到的。

学习杜郎口，只需一个观念的转变，就像小岗村那18户农民一样。我们完全有理由期待，杜郎口会开启中国基础教育的新纪元。

课改十年，我在干吗

2001年6月8日，教育部印发了《基础教育课程改革纲要（试行）》，拉开了课改序幕。教育部明确要求："大力推进基础教育课程改革，调整和改革基础教育的课程体系、结构、内容，构建符合素质教育要求的基础教育课程体系。"业界对此解读为：课改是把学生当成课程建设的主体，并以学生为中心建立自主、合作、探究的学习模式。课改的实质就是唤起老师的教学热情，唤醒学生的内在潜力，以人为本，遵循教育规律，让学生自由成长，健康发展，和谐进步。

2001年7月，我从山东省郯城县郯城镇中学跳槽到一家县直股份制完中。那时评价教师的标准完全看学生考试成绩，主要考核参照有平均分、及格率、优秀率。讲课比赛则看教师的教学基本功，包括教师口语、板书设计、教学流程、学生配合、目标达成等。

十年前，山东省全面推行李希贵倡导的"大语文教学实验"，以天地为教室，以社会为舞台，让学生多读多写多表现，提倡分层教学，限制教师"讲"的时间，但考核评价没有跟进改革，老师们大多阳奉阴违，谁的学生平均分高，谁的奖金就高，谁就优秀。在传统应试的急功近利的氛围里，"大语文教学实验"无疾而终。

2005年，山东省推行高中语文课程改革，施行"选课制"，但名存实亡，"校本课程"也仅是有了说法而已，既无"校本"，也无"进程"。

2006年我辞去公职，北漂了两年，2008年12月，我再次走上讲台，教学一周后在博客中写道，原以为，北京的天空会很蓝；没想到，天下乌鸦一样黑……那时我教的是初三语文，没想到学生的自主学习能力太差，几乎到了"不拨不转、不安排不干"的地步，也没有自学能力。我原以为，复习阶段，老师把范围一划，把考试题型一讲，把重点难点一强调，剩下的时间由同学自己查漏补缺，老师在旁答疑解惑。哪想到学生连字词都需要老师带着复习，不明确抄哪些、写几遍，学生竟不会给自己布置作业，让同学们自学竟等于放羊，这太可怕了！

2009年3月，我在北京某完中执教《藤野先生》，一讲到底，仅有十几次提问，勉强算启发式教学，竟被评为优质课一等奖，业务校长还说，这是她听到的最好的课。要知道，那节课让我现在来评价，完全是一节"师中心"的课，和课改毫不沾边。那时我所在的学校，虽然校本课程开展得红红火火，教研活动也每周搞，但从无人提及"课改"。对素质教育的解读就是利用社团，多搞活动，吹拉弹唱，有多技之长。初三下学期的综合素质评定，学生写副字，画张画，烤块面包，烫个发型，修辆自行车……全算"素质"被"教育"了。

2010年7月我因户口问题被学校解聘，随后到北师大的一家教育培训公司担任业务副总，这才开始听到"课改"的说法，进而关注杜郎口、李炳亭，直至走进中国"课改"报。

2011年5月，我到杜郎口学习了三天，这三天让我对课改的认识有了质的转变。说实话，我是带着满腹疑问与困惑前去的，我不相信"零作业而升学率还百分百"，我不相信"老师不讲学生照样能学会"，我还不相信"学习可以在狂欢中完成"。可到了杜郎口的课堂，我被深深震撼了，"教了那么多年学，习惯了'一言堂'，也接受了'生本说'，可把学生解放得如此彻底，把学习的积极主动性调动得如此高涨，课堂如此激昂，学习如此高效，真是奇迹"！我看到有老师在听一节历史课时，激动得落下泪来——"那些孩子太可爱了，发言是那么踊跃，神情是那么专注，表现是那么自信，我们的孩子也完全可以享受得到啊，老师怎么就不给他们机会呢？"那一刻，我都产生了把孩子送到杜郎口读书的念头……

但据我了解，像杜郎口这样，真正以学生为本，砸掉讲台，多设黑板，提供知识的超市，让生命在课堂狂欢的课改学校还太少太少。就在中国"课改"报的眼皮底下——北京某小学，依然在重复着昨天的故事，学生的从属地位没有改变，老师仍然在大讲特讲，讲得口吐白沫。我通过网络，观察许多学校的课改进程，仍然是口号响，行动弱，决心大，变化小。

当然，以上仅是我的十年体会，也请老师们认真思考，课改十年，状况到底如何……

课改为何这样难

鲁迅先生说过,在新旧交替的时候,"即使搬动一张桌子,改装一个火炉,几乎也要流血"。轰轰烈烈的"新课改"从试点实验到推进实施已走过了十度春秋,现状如何呢?我的观点是,"雷声大雨点小","穿新鞋走老路","换汤不换药"。课堂除了装点门面的公开课尚能够体现新课改的一些理念,日常课堂依然是传统的"满堂灌";教材依然被教师和学生奉为圣经;师生关系依然是不平等的,对话与互动只不过是一种形式;学生的学习方式依然是"读书"、"练习"和"考试",自主、合作与探究只不过是一种装饰或者是活跃课堂气氛的一种点缀。可以说,新课改的实施是举步维艰。造成这种状况的原因到底是什么?

中高考的指挥棒在作怪

全力以赴抓高考,理直气壮搞应试,一心一意夺高分,什么校本课程、研究性学习、社会实践活动统统靠边站。这是民间流传的有关课改现状的写照,真是对教育的绝妙的讽刺。怎样搞素质教育?"素质教育轰轰烈烈,应试教育扎扎实实。"怎样提高学生的高考分数?"死揪,揪死,往死里揪。"一所学校怎样才能出成绩?"抓紧抓实抓出血来。"……

在应试教育体制下,对教学的评价往往注重的是结果,评价的手段是单一的笔试，评价依据是考试分数。高考怎么考，教师就怎么教，学生就怎么学。高考指挥棒和社会、家长对升学率和质量的高要求对学校、教师形成了巨大的压力。学校因为害怕推行课改会导致升学率下降而不断给教师施加压力，教师压力的释放渠道那就只有学生了，为了让自己的学生能得到好的成绩和升学率，教师根本就不会也不敢使用还在推广中的不成熟的课改模式，那么一切就只有重新回到传统模式的老路上来，整个教学的指挥棒还是高考，应试教育还牢牢地主宰着我们的课堂。在应付检查的时候，教师则拿出另外一套教学方案，摆出有些新课改内容的样子给别人看。

"非改不可"的课改虽然在进行，但与之相匹配的高考改革方案迟迟未出台。学生茫然，老师心忧，都在等待"指挥棒"的指向。只有高考真正改变，课改才真正有意义；只有高考改革加速，课改才能见成效。

能轻车熟路谁愿负重搭桥

如果随机调查教师，更习惯用哪一种模式进行教学活动，统计结果恐怕是习惯传统模式的居多。事实上，大多数老师只是在应付公开课和上级检查的时候使用课改模式。甚至还有教师说，既然我们传统的教育为国家建设培养了那么多的人才，怎么能说这种教育不好呢？并对新课程改革产生了怀疑，认为课程改革是不会持续下去的，以后还要回到传统的老路上。更多的教师在迷茫中徘徊，教案不知道该怎么写了，课不知道该怎样上了，考试不知道该怎么考了，学生不知道该怎么管了，书没法教了。

新课程改革对教师提出了较高的要求，它要求教师改变多年来习以为常的教育观念、教学行为和工作方式，重塑自我，重构课堂，重建教学；要求教师增强课程意识，做课程的开发者；要求教师转化角色，做学生学习的促进者；要求教师变革行为，做教学的研究者。这些要求对教师提出了非常严峻的挑战，需要教师更新观念，深入学习，潜心钻研，认真反思，这对于长期以来习惯于按部就班工作的教师来说，无疑面临着许多困难，需要花费大量的时间和精力，对事业心缺乏的教师来说，肯定不想去进行新课程改革。

任何课程改革都意味着在一定程度上否定或者修正教师以前的做法，一些老教师教了大半辈子书，要在短时间内把他们烂熟于心的教法改变过来并不是件容易的事。同时，由于新课改注重揭示知识的发生发展过程，注重学生的感知、体验、发现等学习目标，现代化的教学手段在这方面有着明显的优势，而农村地区落后的教学还停留在一块黑板、一本书、一支笔、一张嘴上，他们对信息技术的运用感到很困惑，要不要用，能不能用，该怎么用，成为老教师在教学中的一个新难题。

官本位思想，稳定压倒一切

新课程实施主体是教师，核心是解放思想，灵魂是实事求是。虽说教师是课改的具体实施者，但是教师受方方面面制约的因素太多。各级教育主管部门有没有新课改的意识，有没有建立起与新课改相配套的新的评价机制，有没有为新课改保驾护航，都是课改能否顺利进行的重要因素。面对新课改，教师不敢改的原因其实很简单，一是担心失败，二是压力太大。伴随着新课改的应该是考试制度和评价机制的改革。实际情况是在上上下下大力倡导和推进新课改的同时，考试制度和评价机制没有任何实质性的改革。考试依然是为了筛选，考试的内容依然是侧重于考查知识，考试方法依然是一张试卷定终身。这使得"分数"和"升学率"仍然是评价教师的主要标准甚至是唯一标准，在这样评价机制下，教师很少有人敢去尝试实施新课改，教师们存在的普遍担忧是：教师工作越费心费力，课堂越放开，实验得越深入，学生以后可能会考得越糟糕。即使有个别"吃螃蟹者"，大胆去尝试新课改的，也极有可能招来领导的责怪，同行的讥讽和家长的不满。

有专家认为，新课改成在教师，败在领导。教师是实施新课程的主体，学校领导是新课程实施的核心，评价是制约新课程实施的瓶颈，评价改革是新课程改革成败的关键。任何时候的教育改革如果没有教育决策者热情支持和广大教师的积极参与，改革必定遭遇失败。社会各界对课程改革还很陌生，对课程改革的现状和发展表现冷漠，他们只关心结果，看重结果，不关心过程，在很大程度上影响了学校的课改进程和教师实施新课程的热情。

上有天下有地，轮不到普通教师开先河

其实课改并不难，遗憾的是许多人尚未真正投身课改，却先预设出许多问题，假想出一大堆障碍，这些问题和障碍成了他们不课改的理由。还有一部分人依然在观望，犹豫不决，陷于不课改良心过不去，课改又怕成绩过不去的心理困境。顾虑太多，尝试太少，不敢"下水"自然学不会"游泳"。造成这种情况的原因是多方面的，其中，教育观念上的问题可以说是根源之一。说得再具体些，就是还没有真正形成正确的教育观、学生观、质量观。在研究教学模式、更新教学手段、翻新教学方法时，知其然不知其所以然，不能正确思考：为什么这样设计，与素质教育的内涵是否一致，是否符合时代与学生发展的实际，如何保持它的连续性……

正确的教育观念起着决定性的作用，它贯穿于教育改革和发展的始终，决定了改革的方向和结果。在多年的课改实践中，经验成果固然很多，但也不乏形式主义导致的华而不实：教学设计与实效相脱节的有之；

观摩课花样繁多而平日授课走老路的有之；潜心研究"怎么做"却不常考虑"为什么这样做"的有之；取得一些成效后却不知下一步该怎样做，无法继续深入研究的也有之……这些现象都严重地制约了课程改革的进程。

前无车后无辙，路在何方

不难发现，课改倡导的更加重视学生全面发展的理念，重视培养学生自主、协作、探究学习的理念，建立与素质教育相一致的评价体系的理念等等，并没有真正走进我们教师的内心，并没有改变教师的观念和思想，也没有名副其实地走进我们的课堂，我们看见的也许只是一副课改的空壳。那么，为什么在课改实施中会出现教师有意识怠慢、冷落甚至是抵制课程课改呢？须知，传统教育模式根深蒂固，影响巨大，几十年以来它已经成为我们教师的教育习惯了。这个习惯让我们会不由自主的对外来事物产生了抵触，"不感冒"，拿刚刚起步的课改对抗几十年的传统，无疑是较为困难的。我们现在终于可以理解，为什么一定要坚持对学生进行养成教育了，实际上是一个原因，习惯一旦形成，改变就很难了，不是吗？

新课改需要勇气，需要开拓精神甚至牺牲精神，目前许多教师依然满足于"经验型"，停留于"辛苦型"层面，"研究型"、"创造型"的教师凤毛麟角。相当教师不能自主地将先进的课改理念与自己的教育实践包括课堂教学有机地结合起来，要么生吞活剥，要么"穿新鞋走老路"，依然"跟着感觉走"，提高教学成绩多数还是靠"关、卡、压"，"扣、贴、抓"，教师苦教，学生苦学，师生身心疲惫的现象还没有得到根本扭转。教师是学生学习和心理成长的引导者和促进者，这是21世纪教师最明显、最直接、最富时代性的角色特征，是教师角色特征中的核心特征。

教的本质在于引导，遗憾的是教师本身都不知路在何方，又怎能"以其昏昏，使人昭昭"。

舆论刮旋风，无所适从

高中新课改"最要害"的变化是学生自主选课。这是最大的亮点，也是最大的难点！这其中，有高中学生自身的问题，比如高中生对社会的了解不深，人生规划的意识和能力不强，不知道自己今后想干什么，能干什么，因此也就不知道该选什么课。有家长的问题，家长期望的未必是孩子喜欢的，选课时听谁的？有学校的问题，学生想选的课，学校的师资、设备、场地等都能满足吗？还有社会的问题，相对统一的高考，就业形势的严峻，无法让我们"想干啥就干啥"。所以，新课改的方向是对的，需要我们努力去追求，但在短期内完全"达标"是不现实的，说"课程改革只有起点、没有终点"是有道理的。

每每有改革派与保守派争论，双方要争取的都是看客。无奈中国看客往往以"看"为乐，看客未必要支持谁反对谁，他们图的就是个热闹。然而教育问题涉及千家万户，事情变得就不那么简单。课改应当有一个好的舆论环境，但是很遗憾，我们看到的不是这样。那场所谓的"高考之痛"讨论是一家晚报首先发难的，教育界认为记者不慎重，但是记者们强调"读者有权知道"，认为发出的消息不准确可以更正。然而教育不同于一般行业，其中的许多问题不可能通过"群众讨论"、"群众投票"来解决，如果假借所谓"民意"来反对课改，那就有可能造成不堪设想的恶果。

习惯性得过且过，随波逐流

毋庸讳言，一些教师是在等待课改的失败，认为既然那么多的教师都在反对课改，那是不是有可能会回到老路上呢？还有一些是等待其他校区和其他同行先做好，自己照着做就可以了，是一种等现成的心理。这两种等待的心理当然不可取，也映射出部分老师得过且过随波逐流的心态。放不开手脚，怕出乱子，怕犯错误；不思进取，思想懒惰，习惯于老路子、老办法；认为课改与己无关，是专家学者理论家和领导的事。诸种态度自然影响课程改革的速度、质量和成就。

课改既然是改革，那就是摸着石头过河，没有标准，没有参考，从这个意义上讲我们教师既是课改的实施者，还是改革家，课改允许用时间来换得质量和进步，它需要一个较长的实践，总结，再实践，再总结的反复过程才会取得一定的成果。做什么事情不太可能是一蹴而就的，《课程标准》还有很多的地方需要在实践中去完善，教师们在教学实践中已经发现了课标中这样那样的问题。社会和学校不要给教师太多太大的压力，学校应该给教师的课改实践提供充分自由的空间，提供精神的、物质的和智力上的支持。教师现在要做的工作应该是正视现实、不能回避，放松心态、积极准备，学习理论、吃透领会，不等不靠，成为课改历史潮流中勇敢的改革者和实践者。

评价机制不改革，说什么都是空谈

真正实施素质教育，就必须摆脱应试教育的束缚，建立与素质教育配套的科学的评价体系。在评价的内容和标准上，新课程关注学生的全面发展，不仅仅关注学生的知识和技能的获得情况，更关注学生学习的过程、方法，以及相应的情感态度和价值观等方面的发展。在评价方法的选择上，新课程倡导评价方法的多样化，尤其强调质性评价方法的应用。只有将质性的评价方法和量化的评价方法相结合，将形成性评价与总结性评价相结合，才可以有效地描述学生全面发展的状况，打破将考试成绩作为唯一评价的标准和手段，促进学生全面发展。

　　高中新课程改变了教学理念、学习方式，其目的和意义最终还要靠评价体系来实现，只有评价标准变了，高中新课改才能有最实质性的变化。以前的评价过于强调甄别与选拔，现在强调评价是为了改进教学、促进发展。比如，有的学生基础较差但很用功，只考了58分，没及格，老师可以给他60分甚至65分，以促使他更有信心地学习。建立与素质教育理念相一致的评价体系，注重评价对学生的激励作用，使评价内容、评价标准、评价方法、评价工具都发生和素质教育相一致的改革，才能充分发挥评价促使学生全面发展的功能。事实上，这个评价体系就是高考，也是课改中最重要的决定因素，高考考什么？高考怎么考？高考考不考？答案是：高考必须坚持，高考必须改革，改革必须慎重。

进二退一，难免的反复

　　理论与实际总是有距离的。新课改如火如荼不过就近几年的事，老师们能把理论学习好，记在心上就已经很不错了，大部分老师能在教学中积极尝试运用就已经够了。要求这跟要求学生学习一样，不能操之过急，需要过程。老师们通过不断的尝试，调整自己的做法，才能取得预期的效果。有个专家说过：课改要改变的不仅仅是传统的教育观念，而且要改变我们已经适应了的、每天都在进行的习惯的教育教学行为。这句话很有道理。如果单凭几次培训，就想如何如何，那我们的教育早就完美了。人的观念转变需要一个过程，而且有时这个过程是痛苦的。中国人的思维习惯正体现于此。中国人的思维能力举世闻名，但动手能力往往滞后许多。因此新理念的形成和宣传应该说早已到位，至于实践过程和收获就难定论了。

　　新课改自实施以来，虽然教育部门高度重视，各种指导资料铺天盖地，各种培训雨后春笋，但由于本次新课改对基础教育各个方面的发展都提出了新的要求，改革的步子走得比较快，教师一时很难接受和适应，再加上绝大多数的指导材料，理论性强，缺乏可操作性，各种培训时间都比较短，培训内容比较多，培训形式又比较单一，因而很难有效地促进教师在新课改中的专业成长。这样就导致教师在新课改中无所适从，不会开发课程，不能自觉地转化角色，不知道怎样去使用教材，甚至不知道如何去上课。这样就必然导致新课改举步维艰。

"小气候"影响不了"大环境"

教育教学都是必须精雕细琢的脑力劳动，必须谙熟规律、掌握好分寸、洞悉学生心理，随机应变等，要做到这些，光凭一腔热情是不够的，没有敬业爱生的精神万万不可。如果说时代的发展是教育改革的原动力的话，那么崇高的敬业爱生精神就是教师投身改革的内驱力。新课程对教师提出了新的更高的要求，如果没有高度的责任心、事业心，要实现课改目标就是一句空话。而责任心事业心从何处来？在人心不古世风日下的今天，大河无水小河干。

课程改革的本意是给孩子松绑，让孩子在学校里自主地学习。这些举措反而造成了家长的担心，老师也未享受到课程权力下放带来的好处。如果老师和家长不放心，现在一纲多本的情况下，就可能为了应对考试让孩子复习所有版本的教材。为了弥补课内的不足，社会上的补习班不但没有因为课程改革而减少，反而更有市场。我不认为这是教材一纲多本的问题，归根到底，还是升学压力在作怪，考试还在引导教学。再加上某些学校教学实验设备陈旧，资源跟不上，让新课程改革难。教师不熟悉先进的信息技术教学手段，驾驭课堂的能力有限，导致课改难以推进，教师地位不高，待遇不好，都使部分教师无心于新课改。

新课程改革如同我国社会经济政治改革一样，会遇到重重困难甚至阻力，新课程在实施过程中无疑会出现这样那样的问题，但那只是前进中、发展中的问题。"先知先觉"可以占据主动，"后知后觉"就要付出成本和代价。一场影响中国发展根基的课程改革必将像拨正了航向的巨轮乘风破浪，驶向远方。

课改到底改什么

提到"课改",有的老师第一反应是"瞎折腾啥呀,我都教了十几年了,教材倒背如流,讲起来头头是道"。有的老师看到课堂死气沉沉,学生恹恹欲睡,也想改,可不知道从何改起。也有的老师在"课改"的过程中,不相信学生,舍不得放手,在扭扭捏捏中画虎不成反类犬。那么,课改到底改什么,如何改,笔者带着这些问题到杜郎口采访。

让人激动得落泪的课堂

赵林女士是新疆的语文高级教师,因为读了李炳亭先生的《我给传统课堂打0分》、《杜郎口旋风》、《高效课堂22条》等书籍,又在网上广泛阅读杜郎口信息,最终耐不住那份好奇,自费到杜郎口中学考察。赵老师说,百闻不如一见,如果不是耳闻目睹,怎么也不敢相信"学习居然可以如此快乐,课堂居然可以如此精彩"。

赵林第一次到杜郎口是2009年的春天,她是带着满腹疑问与困惑前去的,她不相信"零作业而升学率还百分百",她不相信"老师不讲学生照样能学会",她还不相信"学习可以在狂欢中完成"。

可到了杜郎口的课堂,赵林被深深震撼了,她说:"教了那么多年学，习惯了'一言堂'，也接受了'生本说'，可把学生解放得如此彻底，把学习的积极主动性调动得如此高涨，课堂如此激昂，学习如此高效，真是奇迹！"赵林在听一节历史课时，激动得落下泪来。她说："那些孩子太可爱了，发言是那么踊跃，神情是那么专注，表现是那么自信——我们的孩子也完全可以享受得到啊，老师怎么就不给他们机会呢？"

去年九月，赵林毅然决定将13岁的独生儿子送到杜郎口学习。3000公里的路程，来回坐飞机都不容易。但赵林说："我那儿子个性太强，很有主见，最不喜欢老师夸夸其谈，又因为迷恋网游，转了三家学校，越转越厌学。我相信杜郎口能教育好我的孩子，更相信我的孩子会在杜郎口获得新生。"

学生何以能如此地狂欢

赵老师的孩子叫李然。李然初到杜郎口即受到特别的关注，不仅班主任嘘寒问暖照顾周到，宿舍管理员也把他当成自己的孩子看待。李然虽然想家，想念新疆的小吃，但他适应能力特别强，很快与同学打成一片。杜郎口的寄宿制生活将李然的生物钟调整得极有规律，定时醒，按时睡，没有可能上网吧，也没有空闲烦恼。李然说，上课紧张得如网游冲关，稍有走神就跟不上节奏。再说了，时时有人讨论，经常需要交流，还要走动、爬黑板，到聚焦处展演，根本没有打盹的可能。

笔者问他喜不喜欢这种学习方式，李然毫不犹豫地回答："喜欢！"

"为什么喜欢？"

李然说："乐呗！你看我们上课多自在，走来走去，可以站着也可以坐着，可以倾听也可以分享，简单的问题自己就能学会，稍复杂的问题在小组内也能解决，剩下难的问题，听听同学来讲解，感觉特别受用，老师偶尔的插话，我们都特想听……"

笔者："我只问了一句,你咋那么能说呢?"

"呵呵,锻炼出来了,我们同学比我能说的多得是。'能说会道是生活的需要',瞧,这墙上都写着呢。"

这回轮到笔者乐了,墙上还真写着这句话,下一句是"不敢展示是进步的大敌"。

李然说:"杜郎口没有作业,但一天到晚忙个不停,好多事情都是自己想去做。想在同学面前表现自己,就得多下功夫;想给别人挑错,就得认真倾听;想比别人优秀,就得多付出汗水。"

课改就是改思想

崔其升校长说:"反思三年成名师。"杜郎口的教师每周都要公示"收获、不足、措施",每天还有两次反思会,这种"入木三分找差距,精益求精谋发展"的精神,或许就是课改成功的关键。

"某某某老师,你的课上,有一个问题,分明有两位同学会,你嫌他们说得啰嗦,没有耐心启发,而是直接将答案讲了出来,这很不好!"批评者毫不顾忌情面,挨批者也视为理所当然。

"张某某老师,你的教学设计有问题,板面的利用率不够,学生没有得到充分的展示,展示暴露出来的问题你又没有有效地解决,你这节课得0分!"张老师也会自我批评:"展示不够充分是因为预学时间不足,不应该为赶教学进度而违背教育规律。我一定及时改正,想法弥补。"如此直来直往的批评与自我批评,双方胸怀坦荡宠辱不惊,但听者却心领神会受益匪浅。

当然,杜郎口的反思会并非批评会,它还是提高会、促进会、交流会,甚至联欢会。杜郎口的反思文化已经上升到教育信仰的高度,无论谁说什么,怎么说,都是那么的坦诚,那么的令人信服。老师借助这种反思，扬长避短，精益求精。反思会的形式也不拘一格，务实为上。有经验的总结、挫败的教训、心得的分享，也有时事的关注、学法的探讨、问题的交流，有时，还会安排两个节目，为老师们减压、助兴。

所有的反思都围绕着"学生、学情、学法"进行，"相信学生，解放学生，利用学生，发展学生"是杜郎口的宗旨，"一切从学生出发，激励、唤醒、鼓舞"是老师的使命与责任，"满足好奇心与利用展示欲"是高效课堂的不二法门。

张代英副校长直言："课改就是改思想，改什么思想，就是变以'教'为中心改为以'学'为中心，并围绕'学'重建教学关系和师生关系。"

"蝶变"的阵痛

今天的杜郎口，风光无限。前来参观学习的人数早已突破了50万，杜郎口中学的教师外出报告讲学已达3000多人次，去年暑假期间杜郎口中学外出仅飞机票费用达28万多元。这一切都使杜郎口中学的教师感到：做老师真好，做杜郎口中学的老师更好。

看似寻常最奇崛，成如容易却艰辛。正如冰心《成功的花》诗中写得那样：人们只惊慕她现时的明艳！然而当初她的芽儿，浸透了奋斗的泪泉，洒遍了牺牲的血雨。

杜郎口中学业务主任徐利，谈及当年的课改阵痛，仍然万分感慨。徐老师课讲得好，教学成绩出色，课改前即是学科带头人。但在变革初期，徐老师相当保守，甚至找崔校长理论，要求停止课改。他认为当时的状况，是摸着石头过河，光"讲"都接受不了，不"讲"怎么行！这种模式，可能对文科还行，理科是绝对不行。认识上的冲突给了徐老师很大的压力，他找过崔夫人谈想法，把自己的担心说出来。还争取过妥协，想把初三数学放一放，其他年级科目先搞。

崔校长大手一挥，坚定不移地搞课改。认准的路，必须走下去。

可满是泥泞的课改小路，谁也不知通向何方。真正让徐利转变思想的还是一次"开会"，当时正学"圆"，徐利认为，没有老师是不会有学习效果的，匆匆布置了任务就开会去了，没想到，开完会回来，孩子们给了他大大的惊喜——初三几何切线的证明，孩子们想出了11种解法，让老师都傻眼了。就这样，给孩子一个机会，孩子归还了一个又一个惊喜。

在"课堂驾校"的培训会上，作为课改专家的徐利面对来自全国各地的校长老师们，深有感触而又略带自豪地说："教改最难改的是老师的理念。越是好车，在高速公路上调头越慢。在传统课堂上讲得好的老师一旦调过头来，照样跑得快，因为你知识储备好啊！"

谈及课改"众师相"，张代英副校长第二个例子就举了物理老师刘桂喜，说刘老师属于"痛苦的执行派"。刘老师为人忠诚厚实，特别敬仰崔校长，校长既然下令了就要坚决执行，可执行起来又是那样地痛苦，直到有一天，完成破蛹化蝶的蜕变。现在的刘老师已是名校中的名师。

杜郎口给参观者的启示

安徽省利辛启明中学的苏岐校长带着两位副手，第三次到杜郎口取经。苏校长说："杜郎口太值得学习了，我无论如何也要把它复制成功。"为了验证自己的判断，苏校长还到茌平县三中去追踪杜郎口的毕业生，三中的老师告诉苏校长，杜郎口的学生后劲足，综合素质明显优越。

"杜郎口的意义，在于让我们看到了学生的学习潜力是无限的，让教师意识到'教'的功用不过如此，离开了老师的'教'，学生照样会学，而且能学得更好。杜郎口的课堂还给了学生自主学习的地位、权利和尊严！同时，把教师不可一世的权威消解了淡化了，还原为和学生平等的学习合作者。"河北省固安县英才中学校长何志杰如是说。

"教育改革就是解放自己，让学生暴露问题，才能解决问题。"来自云南大理的孙华祥老师在杜郎口考察了一个月，他说杜郎口的"捆绑理念"最值得学习——班主任将学生划分成几个小组，一个小组就是一个团体，一个人优秀不算优秀，只有一个团体优秀才是真正的优秀。所以组内的每一个成员都必须努力，都要有一种危机感，在这种环境下，迫使每一个学生都要努力学习，不给组里拖后腿。

"杜郎口教学模式，摸透了课堂实质。"广州市玉岩中学的王秋川深有感悟，"评比是武器，评比的力量是无穷的，只要有评比，就会有积极，就会有先进，就会有榜样，就会产生引领的作用和效果，就会形成一股积极上进、勇于改革之风，正是这股潮流在推动课改。"

内蒙古乌兰察布市右后旗一中李芬评价杜郎口：有效地调动和发挥了学生自主学习的主体作用，教育面向全体学生、尊重学生的理念，得到了全面的体现。其中的"预习、展示、反馈"无一不是从学生角度提出的，这种课堂打破了传统教学中以老师为主体的观念。这种形式让学生活起来，让学生动起来。由"要我学"为"我要学"，由"教什么"转变为"学生要学什么"。只有首先转变思想，才能带来行为的变化。

课改，从颠覆概念开始

课改并无玄妙，只要厘清一些概念，回到源头上审视常识，往往会有顿悟之感。比如，"学校"之所以不叫"教校"，可见，"学"比"教"重要得多；"教学"——"教"的其实是如何"学"；"学生"——"学"之重点在"生成"；"生成"——没有"学生"的参与什么也"成"不了。

"学校" PK "教校"——好学校是一方池塘

"如果你在地里挖一方池塘，很快就会有水鸟、两栖动物及各种鱼类，还有常见的水生植物，如百合等等。你一旦挖好池塘，自然就开始往里填东西。尽管你也许没有看见种子是如何、何时落到那里的，自然看着它呢……这样种子开始到来了。"这是美国作家梭罗在《种子的信仰》里一段著名的话。这里的"池塘"就好比我们的学校，学生可以是"水鸟"，可以是"两栖动物"，也可以是"植物"，不需要你看见种子是如何、何时落地，生命自会潜滋暗长，这就是"自然"的力量。

学校意味着以"学"（学生）为主体，以"学"（自主学习）为正事，以"学"（学生学习）为核心。而"教校"，强调的是教师意志，有高压塑造的味道。"教校"，就难免灌输，就难免说教，就难免违背学生心愿。

人非生而知之者，但都有好奇心与求知欲，学习其实是学生的天性。天性是不可忤逆的，天性就要顺其自然，就要按照认知规律、思维习惯、兴趣特长，去引导、满足、呵护。从这个意义上讲，最好的学校即自然生态。如果学校总是专门和儿童"作对"，体现出来的不是儿童的需要，而是校长的"思想"、教师的意图，这样的"教校"当然是"反儿童"的。

教学："教"的其实是如何"学"

提起课堂教学，我们常说"授人以鱼不如授之以渔"，那么我们在课堂上做到"授人以渔"即够了吗？从关注每个学生未来与发展的角度来看，课堂教学的终极目标既非"鱼"也非"渔"，而是在授"鱼"和"渔"的过程中让学生学会"思索"和"追问"。曾经为了"渔"，教师开始注重教给学生学习的方法、解题的技巧，着意培养钻研的习惯、思维的方式。殊不知，教师的"授渔"远不如学生的"索鱼"重要，让学生拥有思索精神和追问意识，比掌握解题技巧，更令其受益终生。

第斯多惠在《德国教师指南》中说过"凡是不能自我发展，自我培养和自我教育的人，也就不能发展，培养和教育别人"，这话大有道理。学生不想要"鱼"的时候，老师授之以"渔"没大用。可许多老师喜欢把自己的意志强加给学生，无视学生的胃口，一味强调"渔"的重要，硬逼着学生放下球拍去摸"钓竿"，要知道汝之蜜糖，彼之砒霜，学生在体会到学习乐趣之前，不爱学习才符合常理。正确的做法首先是把每个学生都看成是有思想、有个性、有品位、有差异的"人"。再逐步培养人的世界观、人生观、学习观……第三步才是把"大餐"搬到学生面前，让他们去品尝，去挑选，去评价，去烹饪，去享用。在美味佳肴的诱惑下，在人生意义的指引下，在习惯养成后的自觉下，学习就是水到渠成，就是自然而然，就会"无须扬鞭自奋蹄"。

遗憾的是现行教育不重视"育人"，不教会"学习"，而是把所谓营养一个劲儿地往学生脑子里塞，不管学生有无兴趣，把活蹦乱跳的孩子硬按在池塘边让他们手持钓竿，呜呼，"人"之不存，"学"将焉附？真的教育，要给予课堂民主，师者自觉站到"学生公仆"的地位上，而不是吆三喝四耀武扬威；真的教育，要解放学生思想，鼓励他们质疑，允许有不同答案，而不是统一规范，标准划一，千人一面；真的教育，要崇尚道德，弘扬真善美，鞭笞虚伪，斥责敷衍，务实求真；真的教育，就是学会与人性的弊端作斗争，与社会的邪恶想抗衡，与人生的理想共飞翔。

学生："学"之重点在"生成"

爱因斯坦曾把"素质"定义为把学到的知识全忘掉后剩下的东西。由此可见，学习不是死记硬背，学生更不能做"两脚书橱"。创新是一个民族进步的灵魂，而创新的要素之一就是要有"生成"。这里的"生成"，就是推陈出新、不断创造，就是让"1＋1"大于2，就是青出于蓝而胜于蓝。学完南辕北辙的荒唐，推知缘木求鱼的可笑，是谓生成；接触了勾股定理，能以自己的方式证明，是谓生成；能举一反三、触类旁通，是谓生成。

"生成"是因势利导，因学制宜；"生成"是让不同的学生得到不同程度的发展；"生成"是一种开放，是活力在冲涌，是智慧在碰撞，是新知在诞生。根据学生的认知差异给予导向性的评价，能直接影响学生思考的方向和思维的深度、广度乃至教学的效果。个性化的学习，最能体现学生的思维品质和思维习惯的差异，许多问题并非只有唯一答案，所谓"仁者见仁，智者见智"。在教学中，事先考虑到学生思维习惯的差异，根据学生可能出现的情况进行"预设"，再在课堂上机动灵活地引导"生成"，学生才容易进入积极、能动的学习状态。

生成：有"生"才能"成"

由于成年人与孩子之间存在着阅历经验、认识水平和知识能力等诸多差异，在思考问题时，自然也存在着很大的差别。如果教师喜好"以己度人"而不习惯"换位思考"，师生间就会各说各话形成隔膜。这就提醒教师要学会"蹲"下来，只有和学生站在同一水平线上，才能更好地倾听学生的想法，明白学生的意图，理解学生的心声。而那种目中无"生"，唯"师"独尊的教学，是难有"生成"的。

孩子行为未必就是你所想象的，不能用成人的眼光去看待孩子，要知道"孩子的世界是单纯的，为什么非要用成人复杂的心理和眼光去看待他们"？瓜和茄子到底有什么不同？在成人眼里不屑一顾，可是孩子却会饶有兴致地一点点去发现。孩子就是孩子，不要以"成人之心度孩子之腹"，不要用教师的认知经验想当然地认为学生也会如此，知识的传授需要过程，让学生以他们的方式去获取知识总结经验，教师应该有足够的耐心去倾听，去揣摩，去帮助，去理解。

教师的心中只有装着学生，能设身处地为学生着想，能以学生的眼光去看待、分析、处理问题，能察觉并重视学生每一处微小的进步并及时予以表扬，才有师生关系的和谐，才有学生真正的成功。

课改路上，谁能绕过这些难关

以下小问题是辽宁省葫芦岛市南票区教育局长任永生汇总整理的，我简要谈谈自己的看法。

1. 一切从实际出发，要具体问题具体分析，我们不一定必须学习哪个学校，要有自己的东西。

这个问题的关键是"要有自己的东西"。东西从哪里来，学习借鉴，拿来后结合自己的实际，优化组合，去芜存菁，为我所用。

2. 管理部门的评价标准不变，改革没有办法进行。

评价是改革的推进器。如果今天，全社会仍以女人裹小脚为美，缠脚布就很难解除。"改革"与"评价"可谓两条腿走路，本该彼此协调，步调一致。如果单纯地改革，而不改变观念，就像执拗地剪掉裹脚布一样，脚舒服了，心却受到世俗的冷眼与误解。因此，管理部门要配合，审时度势，因势利导。教师也应该在力所能及的范围内，兴利除弊，积善成德。

3. 中高考制度不变，社会和家长关注的是成绩，所以我们不能以牺牲成绩为代价搞改革。

提出这个问题的人，显然误解了"改革"。我们所谈的改革，并不是牺牲成绩，而只是改变取得成绩的方式——把"教中心"换为"学中心"，教学的出发点与目的地都没有变，只是实施途径改变了。而社会和家长关注的成绩，属于"目的地"的范畴，它并没有"被牺牲"。相反，中间路径的变革，其初衷和驱动力还是来自对成绩的追求。当然，任何改革都难免阵痛，挺过去，就是新生。

4. 小组合作式学习方式影响好学生提高，我们国家最需要拔尖人才，改革不利于好学生发展。

这是两千多年的封建愚民思想，根深蒂固的专制强权统治观念的余毒。说白了，教育是该培养"公民"还是"臣民"？从国家层面上来说，一个马加爵、药家鑫能和上万名好学生正负抵消。好学生如果是自私自利、只顾自个儿一骑绝尘的，日后又怎能与社会相融？小组合作学习，有利于均衡发展，全面进步；也利于学生步入社会后，与人合作，互惠共赢。

5. 学生是有差异的，学习成绩差的学生就算提高了，也考不上学，所以改不改革有什么用？

中国教育的弊端就在"掐尖式教育"，它以金字塔底座数以百万计的落榜学子做垫脚石，来成就少数"精英"的高度。"考不上学的"成为了畸形教育体制的无辜牺牲品，这不能不说是我们教育界的耻辱和时代的悲剧。问题是，教育的目的不全是考学，学习是一种权利，是社会人的自然需求，任何学生都不能因不考学而自暴自弃，教师更不能因升学率而放弃成绩差的学生，这是师德的基本要求。

6. 名师出高徒，教师不讲学生能会吗？不讲或者少讲就是违背教学规律。

教学是有规律的，而规律又是相对的。名师之名，应像"不战而屈人之兵"那样，"教，是为了不教"。死守教条，固执己见，讲个没完或畏惧讲授，都成不了名师。判断师之名，可据徒之高。那些师讲得少而徒学得多的，才是真正的榜样。

7. 真正的改革，教师的工作量要加大，工资不多给，教师哪来的积极性?

工资是激发积极性的重要方面,但不是全部。人区别于动物的一个重要方面就是精神追求。在物质限量的情况下,要从文明领域开拓。中国人,好名利(注意,"名"是排在"利"前的),教育管理者为什么不多想想从"名"上做文章呢?

8. 现在学生的作业都写不完,还要预习导学案,那不是增加学生负担吗?

为兴趣而拼搏,再累也不觉得。正像爱打球的男生在操场上挥汗如雨——出汗是享受;棋迷盯着黑白棋子——熬夜是幸福。你让一群老太太追着足球跑,让不知围棋死活的书呆子去下棋,那比出苦力还不堪。要想不增加学生负担,导学案需要像诱饵那样激发学生的兴趣。

9. 现在许多班级人数都很多,怎么能够进行分组学习?

人数多,确实不利于分组。但要想管理千军万马,最好的方式就是"团营连排班"地成建制。办法总比困难多,只要想利用小组方式,分组不是不可解决的难题。

10. 有许多学生不爱发言,小组学习还是那些好学生表演,课堂学生的参与度很低。

学生不爱发言,是刺激的筹码不够。可降低问题的难度,加大表扬的力度,倾斜量化的程度,强化团队的捆绑效应,让学生为集体荣誉而开口。

11. 教师不讲,学生的学习能力有限,有许多学生发言答不到点子上,课堂教学任务完不成。

教师讲完,不等于教学任务完成,学生不会,讲得再细有啥用?学生发言不对题,正是课堂教学的"靶子",有的放矢,纠偏扶正,这才是课堂教学的根本任务。当然,说说容易做起来难,教育是最需要智慧的。

12. 对学生的课堂评价,刚开始时候学生积极性很高,过一段学生就没有新鲜感了，课堂效果不好。

　　审美都有疲劳，何况面对评价，过一段时间没有新鲜感很正常。这就需要课堂评价要推陈出新，变换招数。吊吊学生的胃口，适当迎合需求，只要动脑筋，保鲜不成问题。

　　13. 有许多爱说话的孩子，平时教师管着还管不住呢，分组后更没有纪律保证了。

　　别忘了，不就是因为"教师管"管不好才分组的吗？那就充分利用小组的制约评价机制吧！

　　14. 学生的发言往往扯得很远，表面上课堂热热闹闹，结果没有学到真东西，考试成绩不好。

　　课堂评价机制在此要发挥作用。"扯得很远"时，给予负分，谈出真知灼见时，给予表扬，课堂教学就是个激浊扬清的过程，慢慢沉淀下来，就会有真东西。

　　15. 课堂展示的时候，有许多同学都溜号了，只是展示的同学在学，课堂效果不好。

　　如果溜号的同学有点评或补充发言的任务，他还会漫不经心吗？

　　16. 现在有许多课改名校，他们都有自己的特色，都是个性化的东西，我们学不了。

　　拣能学的学，拣最适合的学，拣能学到手的学。学完后，打上自己的烙印，形成自己的风格，推广开来，你也成了名校。

　　17. 课改是为了学生而改，我们做教师的究竟能够得到什么，课改的动力究竟在哪啊！

　　子贵母荣，师徒如父子。学生幸福了，老师难道不荣耀？今天的杜郎口，风光无限。前去参观学习的人数早已突破了50万，杜郎口中学的教师外出报告讲学已达3000多人次。我就想，面对杜郎口的成功之路，我们真的能无动于衷吗？"相信学生，解放学生，利用学生"真的那么难吗？我们到底愿意在油锅中陪同忍受煎熬，还是砸掉讲台相信学生，去追寻教师职业的幸福？

18. 课改能够解决教师的职业倦怠吗？教师的职业幸福感到哪里去找？

课改其实是给教师找出路，既然维持现状是一种痛苦，参与课改又面临阵痛，那长痛就不如短痛。况且，在课改中，在与学生的换位中，还会"收获情感、培植能力、满足天性"。香山论坛网友吕建斌说："我的理解，课改还是诊治教师职业倦怠的一服良药。课改，就是要老师找到幸福，找到自身的职业价值，也是让学生找到快乐，找回自我，找回自信！"建议老师们走进杜郎口，学习杜郎口，看看人家的学生是多么幸福，看看那儿的老师是多么荣耀。他们能，我们有什么不可以呢？

从课改中寻找幸福

声势浩大的"课改中国行",每一站都有专家随团宣讲。我在想,如果让我来讲,该讲些什么。20年的教龄、数百万字的笔耕,乡镇、县城、省会、首都,初中、高中、公办、私立,数学、语文、地理、编辑,家教、培训、撰稿、赋闲……我都经历过,且时时在思考。如今,思想受到新课改理念的洗礼,真切地感悟到,课改中有幸福,投身课改就是拥抱幸福。

什么是幸福

何谓幸福?幸福不是金钱的积累、物质的叠加、情感的占有。幸福是一种利己而悦人、通透而洒脱、明智而悠然的心态。幸福是为心灵找到诗意栖居的港湾,为生命找到来去自由的归宿,为他人找到超越苦难的良方。换一个角度表述:幸福即是有健康的身体、自由的灵魂、适用的物质、人性的尊严和安全的保障。

我现在很忙,每天有做不完的事。用世俗的观点来衡量,我也很累。但我觉得每天都很快活,做每件事都很有意义,未来更是值得期待。想一想我编辑的文章有百余万读者,就觉得每一个标点符号都很神圣;想一想我的博客有那么多粉丝,更是一丝一毫也不敢懈怠;想一想我若影响一位老师就能幸福50个孩子,我若改变一位校长,就能造福上千个家庭,这是多大的功德啊!为此,我渴望忙碌,也享受忙碌。日子充实了,我从拼搏中得出了欢乐。报纸前景的日益开阔,编辑业务的得心应手,领导同事的刮目相看,使得我每一天,每一时,每一刻都处于一种昂扬、兴奋的心境之中。

这番话略显矫情,有些老师不爱听。他们会抱怨,这是一个荒诞的时代,价值观模糊,美丑难辨,哪位老师的心境能不受浸染呢?但我的一孔浅见是,"千磨万击还坚韧,任尔东西南北风。"守住自己的原则,眼不见,心不烦。人生苦短,适当地学学鸵鸟也是一种策略,须知:忙碌是一种幸福,让我们没时间体会痛苦;奔波是一种快乐,让我们真实地感受生活;疲惫是一种享受,让我们无暇空虚。

谁偷走了教师的职业幸福

秀才不出门,便知天下事。今天,有了网络,还有那么多教师写博客,所以,我很清楚,教师的职业幸福感,普遍缺失。中国人民大学公共管理学院组织与人力资源研究所调查结果显示,82.2%的教师感觉压力大,十个教师三个倦怠工作,近四成教师生存状况不佳。到底什么原因让老师们心倦神疲,感受不到职业的幸福?

第一,职场目标太过理想化。由于达不到既定目标,外部压力和自我否定导致工作倦怠。这点在年轻教师身上表现特别突出,刚走出象牙塔的天之骄子,满怀豪情地踏上讲台,一厢情愿地想干一番事业。结果,教学成绩、学生认可、领导评价都不容乐观。再加上论资排辈、同工不同酬、谈恋爱难、住房更是不敢想等因素,年轻人很容易浮躁、消沉,进而倦怠。

第二,职业压力难以释放。职称评聘的升迁竞争,日趋复杂的人际关系,工作强度的不断增大,周而复始的单调循环,均导致教师表现出身心疲惫。独生子女"以稀为贵",加之就业难的现状,使家长们对孩子的期望值特别高,而他们又将这种期望通过学校转嫁到教师身上。教师的肩膀上一头担着祖国的江山和社稷,一头挑着民族的希望和未来。这样的重担使不少教师不堪承受,不得不加班加点,牺牲休息时间。再加上教育往往是投入与产出极不相称,教师的付出多,而学生的成效不显著,这又可能导致教师产生对职业的失望感。长期如此,自然倦怠。

第三,心理不平衡。社会行业分配的不合理,使越来越多的教师产生了心理的不平衡。巧取豪夺、贪污腐败、一夜暴富……铜臭浸染的世风扭曲着人的世界观,老师也不能免俗。特别是在农村中小学,有些教师工资待遇偏低、住房条件较差、医疗无完全保障,无法培养职业自豪感。在这样的环境中工作,激情难以燃烧,身心慢慢疲惫。

第四,学校的管理存在问题。部分学校的领导素质不高,观念落后,管理混乱:有的对教师的绩效考评欠科学合理,存在着不公平现象;有的任人唯亲,拉帮结派;有的大搞"一言堂",朝令夕改;有的唯成绩是论,不让休养生息。种种不合理现象都会涣散人心,让老师灰心丧气,在得过且过中麻木、疲倦。曾采访过的一位老师说:"师道尊严扭曲、个性特长泯灭、人际关系异化,关键是教育环境太糟糕,论文可以请人写,证书可以花钱买,某些领导说一套做一套,台上慷慨激昂,私下蝇营狗苟。有些教师为了利益违背师德,违背得越多,获得的利益就越大,这让那些坚守道德原则的教师非常困惑,时间长了,也就有这样那样的想法……"

第五,教师个体的性格和心理因素。有的教师根本不热爱教育事业,又找不到其他更好的职业,身在杏坛心却想着怎样去赚钱,在顾此失彼中郁郁寡欢。人们用"红烛"、"园丁"来比喻教师,就赋予了教师"无私奉献"的行业特点。没有崇高的职业理想,没能树立正确的教育观念,又不愿培养对学生理智的爱与宽容精神,这样地"当一天和尚撞一天钟",怎能不疲惫?另外,知识更新速度的加快、新课程改革的推行,使教师原有的知识结构和教学观念渐渐不能适应新形势的要求。部分老师常常感到力不从心,也会对所从事的工作渐渐失去信心、兴趣、动力。

为了幸福,请"咔嚓"一剪子

"在功利主义弥漫和浮躁喧嚣的环境中,我们要想做事,就必须耐得住孤独与寂寞,要有一种'你唱你的潇洒曲,我唱我的奋斗歌'的精神。"这是教育局长任永生的感言,这位中国教师报的课改顾问还说,"应该这样度过我们的人生:回首往事,我们不因为虚度年华而悔恨,也不会因为卑鄙庸俗而羞愧,临终之际,我们能够说:我整个的生命和全部精力,都献给了我可爱的学生。为了孩子们终身发展而奋斗。"

人,是要有一点精神的。什么精神?对教育工作者来说,它是一种"从油锅里捞孩子"的崇高责任感,是一种"学高为师,身正为范"的品格修养,更是一种"百年大计,教育为本"的价值信仰。有这种精神,不是为了标榜清高,而是为了抵制恶俗,消除杂念,拒绝平庸。试想,你钻到钱眼里,唯利是图,只会显露你的渺小;你只盯着乌纱,见权贵便逢迎,就很难做个大写的人。而在自己的精神世界里,你可以做一个高贵的志士,活得意气风发,无所畏惧。

既然选择了教师职业,就要接受职业的选择。接受改变不了的,改变能够改变的。课改是国家意志,既能解放学生,又能成就教师,我们就没有理由抵制。当然,万事开头难,许多教师以霸占讲台为能事,以控制学生施权威,以逼迫作业显本事,在课改面前,想让他们闭上嘴,俯下身,为学生服务,显然很难!可不难,还能体现出课改的价值吗?如果一蹴而就,还用"课改中国行"如此呼吁吗!

"天下事有难易乎?为之,则难者亦易矣;不为,则易者亦难矣。"

一百年前,长辫子是男人的"专利",裹小脚是女人的"特权"。男人拖条辫子还不算遭罪,可女人那双"三寸金莲",不知要吃多少苦头——走,走不稳,站,站不住,更别提掰断脚趾骨的痛楚了。"中华民国"取代清王朝,推行新政,剪辫子便首当其冲。对于清王朝的那些遗老遗少来说,要剪掉他们头上的辫子,简直就是要他们的命。为维护住这条辫子,想了不少花招,有的很不情愿地剪了,却还绑了一条假辫子。共产党、八路军来了,让女人放脚,死活不肯放脚者却大有人在。表面上穿双大鞋,鞋里头依然裹着小脚的,更是不乏其人。

其实,今天我们搞课改,就和当年剪辫子、放小脚差不多。教育说复杂也复杂,说简单也简单。说课改难,是因为思想观念上的根深蒂固;说课改易,不就是一剪子、两条布的事嘛。这个咔嚓"一剪子"就是把课堂还给学生,扔掉"两条布"就是重建"师生关系"与"教学关系"。

按理说,把课堂还给学生,老师少讲,多好的事啊,就像女人不再裹脚一样。可老师担心讲学生都不会,闭上嘴岂不更糟糕。再说了,全国上下都在讲,自己也已经讲了一二十年了,一朝改弦换辙,难接受也难适应。事实一再证明,改革决不轻松。中国教育改革已不可能求稳以图自保了,必须要刮骨疗毒。

刮骨就要抛弃传统的教育观念,彻底改变已经适应了的、每天都在进行的习惯的教育教学行为。刮骨就要经历疼痛,忍受课改初期摸索中的混乱与蹩脚。刮骨就要自觉转化角色,用心研究学情,加强服务意识。

新课程改革的推进必然伴随着重重的阻力,但改革的方向不会逆转。在这条探索之路上,必然有付出,有伤害,甚至是牺牲。然则,为孩子计,是课改唯一的指向标,只有这条路,通向好教育的远方。

不自学，毋宁死
——由郑渊洁《我家三代小学生》谈开去

"人的毕业证只有一个，那就是死亡证书。无人能看到自己的毕业证书，凡是以为自己看到了自己的毕业证书的人，活着时已经死了。不自学，毋宁死。"这是郑渊洁在《我家三代小学生》一文中告诫后辈的话。

"不自学，毋宁死"，振聋发聩，惹人深思。有人说现在是电脑时代，有人说是汽车时代。郑渊洁却说，现在是自学时代。他家三代人的座右铭是："先闭眼，后毕业。"自学不息，直到生命的最后一刻。

郑渊洁的父亲，读了五年私塾小学，靠自学成为华北军政大学、石家庄高级步兵学校哲学教员，创造了小学生教大学生的神话。而"童话大王"郑渊洁，是一个人写一本月刊25年世界纪录保持者，2009年以2000万的版税收入，荣登"第四届中国作家富豪榜"首富宝座。郑渊洁只读到小学四年级……郑渊洁的儿子，因不堪忍受应试教育摧残，小学毕业后在家接受其父教育，完全靠自学计算机成为北京某著名网络媒体技术总监。

郑家三代成功的秘诀是什么？那就是不停地自学，自学，再自学！

自学即自主学习、主动学习、自我教育。由于自学的时间、内容、进度均可自己决定，这就避免了学习过难或过易造成的精力浪费。自学的好处是，易于激发并保持浓郁的学习兴趣，无师自通后有一种特别的成就感，自学能力的提高更是显而易见。

　　学到终极看自主，自主学习可谓学习的最高境界。马斯洛的需求层次理论告诉我们，人都有"自我实现"的需要。越是在自主状态下，独立地发挥出潜能，获得自我价值的实现，越有成就感，越能成为自由、健康、无畏的人。自我实现是人生追求的最高目标，教育的真正意义就在于帮助人满足这种追求，表现出自己的才能，体验最大的快乐。

　　按理说，学习是不需要督促的，为什么今天有那么多孩子厌学呢？原因很简单，学习的诱因是自我需要，本应该让学生充分自主，主动求索，自发进取，而学校教育将学习变成了高压灌输——思想、方法、知识，乃至一切行为都要用灌输的方式来处理。其结果是教育中的所有行为都变成了外在努力，而不是发自学生内心的追求。

　　尊重学生，欣赏、鼓励学生，将人生的美好前景展示在学生面前，关注学生的内心世界，是教育取得成功的秘诀。爱因斯坦说："发展独立思考和独立判断能力，应始终放在首位，不应当把获得知识放在首位。"学生独立精神的缺失是当前教育的弊病之源。杜郎口中学崔其升校长说："学生学习的敌人在于依赖，教师教学的最大悲哀在于包办。"当今的独生子女依赖心理严重，在学习上被动接受，不求甚解，即使能够完成学习任务，也体会不到学习的乐趣。教师教学又习惯于包办，唯恐学生不会这不会那，不敢放手，不去培养学生的独立精神，反而以"驯服"、"压制"为能事，以学生"听话"、"顺从"为管理目标，无形中剥夺了学生自主成长的机会。

　　有效教学要想唤醒沉睡的潜能，激活封存的记忆，开启幽闭的心智，放飞囚禁的欲望，前提就是归还学生的自主学习权。只有自主，才能解放学习力。就像当年的生产队吃大锅饭一样，社员没有种田自主权，于是出工不出力，造成生产效率低下。包田到户后，拥有了自主权，农民的积极性高涨,生产力大增,与此前形成鲜明对比。

　　自主学习,学生与教师分享控制权,以协商的形式共同承担学习任务。如果学生能对自己学习的内容做主,能自我决策、自我选择并实施学习活动,能自主表露自己的能力、需要和偏爱,自然就会对自己的学习负责,就不会再敷衍塞责、偷懒磨滑。受教育者的精神世界应该是自主、能动地生成,而不只是外部力量的雕刻、打造。

　　自主学习必须基于对学生的尊重。尊重学生,意味着尊重学生的需要。具体说来,学生有如下需要:探究的需要、获得新体验的需要、获得认可与欣赏的需要、责任承担的需要。真正的自主会对学习产生浓厚的兴趣,为兴趣而拼搏。

　　学习需要自主,自主学习就是尊重学生,满足学生的需要。

以学生的学评价教师的教

专业是立业之本。专业成长是每一位教师的发展诉求。对教师而言,正在发生深刻变化的课堂形态对其提出更高的要求和挑战。新课堂必然呼唤教师的"新水平",那么,教师的教学水平到底体现在哪些方面?什么样的教学才是高水平?

教育的问题需要从教育本质上去审视。教师这个职业,的确是一个"专业化"很强的职业,如果教师的存在单单是为了传授知识,那么这种专业化只需要配置具有较高的学科专业技术和技能的人就行了。问题是,教师的工作却是惯常指称的"教书育人",如果离开了"道德与道德"的呼应,"人格对人格"的影响,则不仅谈不上"化育",更会因为教育主体——学生作为"人"这一角色的缺失而变得失血、陈腐和冷酷。诚然,教师必须发展,教育离开了教师的发展,则会显得苍白、肤浅和贫乏,有什么样的教师便有什么样的教育,教师什么样的水平直接决定孩子学习的幸福指数。

今天的教师到底需要什么样的水平?回答这个问题必须首先弄清楚什么样的教师才是好教师。严格来说,好教师要具有较高的"道德和人格"、正确的"观念和方法"、良好的"技术与技能"。简单来说,好教师一定是一个深受学生爱戴、让学生轻松学会并且注重"学力"建设、关注学习状态和精神成长的教师。单单从课堂教学的角度,好教师一定是兼顾和不放弃每一个学生，把学习还给学生，让课堂呈现出学习狂欢的教师，而这样的教师必然懂得"相信学生、解放学生、利用学生、发展学生"。他必然从学生的差异出发，发现学生、研究学生、重视学情、指导学法。说穿了，教师的专业化水平其实也就是对"三个学"即学情、学法和学习目标的掌握，而不再单纯是研究教材、教法、进度和教学目标。

高的教学水平有下列特征：在内容上，目标定位精准；在时间上，机会把握精到；在位置上，结构安排精巧；在方法上，手段选择精致；在感受上，配合对位精确。行家一出手就知有没有。高水平教师的能耐体现在"抓住麻筋"，"捏得要害"，"恰到好处"。既有准度，又有速度、力度。"高水平"教学应能够着眼于诱导，变"苦学"为"乐学"；着力于引导，变"死学"为"活学"；着重于疏导，变"难学"为"易学"；着手于指导，变"学会"为"会学"。唯其如此，学生才能从"要我学"，变成"我要学"；由"被动学"，变成"主动学"；由"痛苦学"，变成"快乐学"；由"孤独学"，变成"合作学"；由"单一学"，变成"全面学"。

"传统课堂的教师有两种：一种是照本宣科不负责任的教师；另一种是太负责任的教师，炫耀自己的技术，把自己的意识强迫灌输给学生，把'愚弄'学生当成神圣的天职。我们的学生都被教愚了。这两种教师都不是符合现代课堂教育教学需求的教师。"香山会馆论坛现代课堂版主赵民轩老师说，"课程改革的主要任务要求教师更新教与学的观念，转变教与学的方式，重建学校管理与教育评价制度。所谓转变方式，就是变教中心为学中心，目的是为了让学生完成从我要学习到我会学习的升华。"

那么，如何评价一位老师的教学水平呢？

教师的专业水平，其价值最主要的体现就是"学生的发展"，学生好比是镜子，镜子照见出来的才是"正意义"，否则，如果仅仅照见的是"教师"个体的所谓专业水平，则表现为"负意义"。如果从作为"人师"的角度，教师的意义则应体现出其能不能培养出人格健全、负有责任、勇于创新、敢于担当的"立体人"。如果离开了"学生"，则教育既没有"温度"也没有"人性"，遑论什么专业化。

新课堂主张以学生的学评价老师的教，让学生学会的课才是好课，让学生学会的老师才是好老师。有专家评价说，新课堂真正实现了两个转变，即：教师的教学方式由传统的灌输式为主向以探究式教学为主的转变；学生的学习方式由接受式学习为主向以研究性学习为主的转变。教师的教学水平体现在学生的发展上，体现在促进、辅助学生更好的学上。

教师教学水平的高低可以从四个方面去衡量，即组织能力、学习能力、引领能力、激励能力。

作为组织者，教师要组织学生小组进行合作学习。小组学习是新课堂的基本组织形式，教师应该能够同时管理几个小组，还应该帮助学生建立富有成效的小组标准。老师应该了解组与组之间的差异，决定自己该对各个组采取什么样的教学方法，等等。

作为学习者，教师不再是高高在上的知识权威，而是平等的学习者。生活在信息社会当中，知识源异常丰富。面对这种现实，老师和学生做平等的学习合作者，带领学生共同找"水源"，而不是把自己当作水源，那样的结果只是会让自己枯竭致死。所以新课堂通过"兵教兵，官教兵，兵教官"达到"兵强兵，官强兵，兵强官"的目的。

作为引领者，教师要确定课堂的教学目标，预测学习方式是否适合学生？如果不合适，该如何调整，如何利用优秀学生做示范，如何发挥教师的点拨作用？教师作为学习共同体中的一员，不是一般的合作者，应该是"平等中的首席"。教师毕竟术业有专攻，应该对学生起到引领和拓展的作用，通过课堂教学实现真正的师生相长。

作为激励者，教师要选择合适的教学策略和活动，让学习变得有趣和激动人心。教师要充分了解学生的需要和个性，营造积极、向上的学习氛围。

总之，教学的高水平体现在学生的学会、会学、乐学、创学上，教师的教学水平即学生的学习水平，这是衡量的最佳标准。

第四章
高效课堂

　　课堂是什么？课堂就是"知识的超市，生命的狂欢"。课堂就是利用学生的好奇心与展示欲，创设条件，营造氛围，让孩子学会，会学，乐学，创学。课堂就是立足学会，激发兴趣，培养能力，形成智慧。简而言之，课堂必须充盈着情感，来浸润生命！

课堂即情感

课堂是什么？对于这个很"初级"的常识性问题，却因这么多年来我们一向不屑于认真研究而难以回答。从学生生命存在的现实角度，我们必须接受"课堂即情感"这个观点，学生的生命是由无数个 45 分钟组合成的，因此教育人有责任让课堂"狂欢"。狂欢是一种生命状态，唯有这样的高峰体验才可以让学习乐在其中。狂欢的具体表现就是"动"，而这个动当然不止是要身动，还包括心动和神动，当然真正好的课堂一定是动静相宜的。从学习的本质上说，课堂即生态，对于教师而言，他的主要职责其实不在于具体一节课让学生学会什么，而在于必须思考如何让学习"发生"，所谓生态，意指教师要尽可能创设营造学习的条件和机会。

当我们说"教师即条件"时，同时可以把课堂解读成这样一句话——"课堂即生态"。与"好学校是一方池塘"联系起来理解，其实"教室就是一个小社会"，是"学校的缩影"。我曾以《我们追求什么样的理想课堂》为题，采访翔宇教育集团总校长卢志文先生。卢志文说，理想课堂应该是师生互动、心灵对话的舞台；理想课堂应该是知识、生活与生命的共鸣；理想课堂应该是师生共同创造奇迹、唤醒各自沉睡潜能的时空；理想课堂应该是向在场的每一颗心灵都敞开温情双手的怀抱，平等、民主、安全、愉悦是她最显眼的标志，没有人会被无情打击，更没有人会受到"法庭"式的审判；理想课堂应该是点燃学生智慧的火把，而点燃火把的火种是一个个具有挑战性的问题，让学生在课堂上直面问号，怀抱好奇。

生命是一个灿烂的历程，教育是要让每一颗心灵都得到智慧的滋润，是要让每一程人生都充满燃烧的激情。因此，教育不应是"沉重"的，而应是"生动"的；不应是"模式化"的，而应是"多元化"的；不应是"痛苦折磨"，而应是"快乐享受"。校园，是庭园而不是工厂；教育，是育人而不是流水作业；课堂，是师生共建而不是教学对立。

福建师范大学基础教育课程研究中心主任余文森教授曾撰文：不但培养学生离不开课堂，教师的成长也离不开课堂。教师的一切成长最终要能体现在课堂上，也要接受课堂的检验，因为教育的目的是教会学生学习，教师的优劣要由课堂效益的高低来评价。课堂是教学现象发生与教学规律呈现的领域，是课程与教学活动的综合体。课堂教学研究不仅仅是指改进一堂课的教学，它已成为改进教学工作的重要工具，为改进教学提供多条有效途径。

教师的生命在课堂，作为教师，自身成长只有一条路，那就是从课堂中来，到课堂中去，实践、反思、再实践，在课堂上勇于冒险，摆脱传统的教学方法的束缚，然后在实践中发现不足和缺点，通过研究寻求解决问题的方法，直到最后正确为止。《中国教师报》全国教师培训基地特聘专家于春祥先生曾经这样总结课堂与教师成长的关系：课堂是教学问题解决的源泉，课堂是教学理论产生的故乡，课堂是教师专业成长的土地，课堂是教师提升境界的阶梯。

课堂不是教师表演的场所，不是训练学生的场所，课堂不只是传授知识的场所，更应是探究知识的场所……这些观点曾让不惑之年的马老师手足失措——教师不"表演"（表现、演示），如何才能调动学生的激情？课堂不"训练"，知识哪能记得牢！至于教师"传授"好还是学生

"探究"好,"存在"不就是"合理"的最好证明吗?马老师教了十多年的书,却忍不住在"香山会馆"论坛上大倒苦水:"我无论怎样用功备课,怎样精讲细讲,怎样热心辅导,总有部分学生不买账。那些厌学者,要么在课上看课外书,玩游戏;要么心不在焉,无精打采;要么懒洋洋地敷衍塞责。任凭老师讲得天花乱坠,学生就是无动于衷。我的课堂到底出了什么问题?"

课堂不仅是学生学习知识、增长知识的殿堂,而且也是学生精神成长的家园。传统知识本位的课堂教学过分强化知识的授受,导致了学生精神的萎缩,最后使课堂成为学生恐惧、厌恶的场所。本来是活泼好动、生机勃勃的中小学生,在课堂上却成了没有生气的"容器",本来是培养人的课堂教学活动,却成了"目中无人"的教学,成了学生"心智的窒息机"。

探究精神是课堂的灵魂,唯有探究才能培养思想者和批判者,没有探究的教学只能是训练。当教学不是崇尚求是而是迷信于"确定性"的书本知识,不是崇尚主体自由而是教师的威严,不是崇尚批判而是培养顺从,不是崇尚探究而是一味接受,则师生同时被一种知识的复制的教学文化宰制和异化着,并通过相互攀比的知识竞赛加剧着这种异化,从而,课堂蜕化为思想的荒漠。建议马老师着力弘扬探究精神,让学生在课堂中过有意义的探究生活,在批判性的阅读、观察、操作和思考中发现问题、提出问题,并努力从不同维度解决问题,建构自己的思想和意义,产生和形成自己的观念。

教学过程要成为学生一种愉悦的情绪生活和积极的情感体验。学生在课堂上是思维敏捷还是冷漠呆滞,是兴高采烈还是愁眉苦脸?学生的学习态度是积极还是消极?有没有信心?课堂上必须关注这一切。换句话说,马老师需要从"教"的技术探究到"学"的动力培育上转身,否则,问题不可能得到根本解决。

课堂教学潜藏着丰富的道德因素，教师不仅要充分挖掘和展示教学中的各种道德因素，还要积极关注和引导学生在教学活动中的各种道德表现和道德发展，从而使教学过程成为一种蕴含高尚道德的生活，并让学生获得丰富的人生体验。这样，学科知识增长的过程同时也就成为人格的健全与发展过程，伴随着学科知识的获得，学生变得越来越有爱心，越来越有同情心，越来越有责任感，越来越有教养。

……

后来，马老师又到杜郎口考察学习，经历了一番课改培训的洗礼，他这样写道：课堂是什么？课堂就是"知识的超市，生命的狂欢"。课堂就是利用学生的好奇心与展示欲，创设条件，营造氛围，让孩子学会，会学，乐学，创学。课堂就是立足学会，激发兴趣，培养能力，形成智慧。简而言之，课堂必须充盈着情感，浸润生命！

要舍得把讲台让出来

统名师之名多在于他们能口吐莲花笔蕴玑珠，教学过程掌控得如行云流水，传授机巧铺陈拿捏得恰到好处。人多有表现欲，让一位能说会道、满腹经纶又表现欲极强的名师闭上嘴巴，显然是一件很困难的事。然而，学生"学得精彩"与教师"讲得过瘾"哪个更重要？回答这个问题，需要搞明白"课堂到底是谁的"，何为"学生是主体"，教师该怎样去"主导"。

华南师大的郭思乐教授把传统的囿于教师中心、课本中心和课堂中心的为教师好教而设计的教育模式称为"师本教育"。"师本教育"理念下的教学以牺牲学生的主体性为代价，使学生在课堂中成为被动者和静默者。而新课改理念是提倡以"生"为本的，或者说是"生本教育"。从这个意义上讲，判断一节课的好坏，首先要看它是"生本"还是"师本"。

"师本"的特征是"操控"，教师完全掌握课堂的进度与知识的迁移，学生被动接受和记忆，缺失了"话语权"和"选择权"。具体表现为，教师依据多年的经验积累，按照教材内容和预设的进度，以师为中心向前推进，要求学生服从并配合，将教师头脑中的知识转移到学生的记忆中。结果往往是学生疲于死记硬背和题海战术，学习兴趣荡然无存。这种接受式教学一旦形成习惯，学生的头脑便成了一个空洞的容器，不再有自我意识和提问的欲望。叶澜教授为此说："没有学生学习的主动性，教育就可能蜕变为驯兽式的活动。"

"生本"的特征是"自主"，教师作为"条件"为学生提供导学案，学生依赖小组合作，先自学，再对学，后群学。"生本"的课堂，学生有自己的见解和主张，以自己的思维支配自己的行动，按照自己的需要和愿望，设定学习活动，按照自己的方式实现学习目的。"生本教育"走出了学生被支配、被控制的困局，是"以人为本"的科学发展观在教育领域的体现。生本教育理念的核心归于"一切为了学生，高度尊重学生，全面依靠学生"。

要彰显学生的主体性，必须让学生成为课堂的主人。一山不容二虎。同理，学生是课堂的主人了，教师就不能自作主张，包办代替，更不能机械地把知识咬碎嚼烂后硬喂到学生嘴里。教育即人学，而非知识的堆积与转移，是一个灵魂去唤醒另一个灵魂，一个相对成熟的生命个体去导引另一个稚嫩的生命个体。这种灵魂和精神交流，源自于教师对学生的尊重、理解和平等的情怀。学生既然是和教师一样是"人"，那么他就有自己的情感、自尊和价值判断，他们一样有着被尊重和理解的精神需求。

好教师不会替学生学习，而是抓住时机去点燃学生智慧的火花。苏霍姆林斯基认为："在人的心灵深处，都有一种根深蒂固的需要，这就是希望自己是一个发现者。"皮亚杰还说："把一样东西教给人家，有时是剥夺那个人自己发现那东西的机会。"笔者在处理《桃花源记》课后练习（渔人离开桃源后，"便扶向路"又"处处志之"，而后来寻找桃源的人"寻向所志"，却"不复得路"。作者这样写的目的是什么？）的问题时，只字不讲，让学生充分议论，在学生处于愤悱状态时，再亮出写好的小诗进行提示：黑暗现实潜不满，虚构桃源寄心愿。煞有介事前后寻，似真实幻人皆羡。学生早已在《公牛挤奶》中领略了"煞有介事"的无穷奥妙，又明白了写作中的"虚构"是怎么回事——学生自己窥见了文学艺术的真谛，惊叹不已，自然理解深刻。

好教师要呵护学生的好奇心、满足学生的展示欲，或者说要将学生置于"发现者"和"探索者"的位置上，正如苏霍姆林斯基在《给教师的一百条建议》提到：教师要唤起学生强烈的求知欲，使学生总是处于"问题意识"之中，处于惊异、激奋的内在心理状态，并且在课堂的学习中能够不断地解释生活，从而激发起"知识主宰者之感"，还要在智力生活中，使每一个学生能在其中充分显示自己的知识、技能和智力，感受到成功的愉快。

谁都希望自己是主角，然而课堂的聚焦处总是有限的，为了满足学生的"探究"与"发现"，教师就必须退让。名师也不能依仗着自己的"驾驭"能力，为所欲为。教师可以做"导演"，演员必须是学生。再有名的"导演"也不能亲自披挂上阵专心当主角，精彩的"好戏"往往来自于现场的生成。那些亲自披挂上阵的名师再怎么左右逢源挥洒自如，如若将学生置于"旁观者"的位置，那么，这样的课堂"精彩是教师的，学生什么也没有"。

诚然，作为公开课而言，真若把讲台让给学生，许多教师不甘心当幕后英雄。而名师们数十年修炼而成的如簧巧嘴，更是会欲休还说，何况，名师们有许多教学智慧想与观摩的老师分享，有许多独门绝技想在聚光灯下大显身手，还有满身的"知识味"想赏赐给淡如白开水的学生……所以，想让传统名师们退位，少讲点，很难！

分数从哪里来

要分数,除了一道题做五遍,有没有更好的方法?

小学语文有一篇课文《我要的是葫芦》,它描述了一个爱葫芦的人种葫芦时,只知道要葫芦果实,不知道要杀死叶子上的蚜虫,结果什么都没有得到。这则寓言能给我们什么启示?"有心栽花花不开,无意插柳柳成荫",有很多时候,当我们死盯着分数,急功近利时,结果往往适得其反。古人有"功夫在诗外"的教诲,兵法上也有"迂回包抄"的战术。所以,我想特别谈谈分数还可以从哪里来。

学生是课堂教学的最大资源

相信大家对"课改"不陌生,"课改"的着力点就是转变"教与学"的关系。传统课堂的基本模式就是教师讲学生听,教师与学生的关系就像演员和观众,再好的演员天天扮着同一副面孔,观众会产生审美疲劳。要想让学生不疲劳,不厌学,唯一的办法是把学生推上前台,尊重他们的主体地位,给他们搭建展示的舞台。人,一旦被聚焦就会精神抖擞、竭尽全力地表现自己。这是人的本性决定的。学生更喜欢"逗能",更爱表现自己,老师若能充分"利用"好他们,每个学生都是一个小核反应堆。

"相信学生，解放学生，利用学生，发展学生，代表着课改的方法和出路。"高效课堂的开创者李炳亭先生说，"利用学生是一切教育的智慧源头。"那么，利用学生的什么，又如何利用呢？

利用分身术，培养小老师。

现行教育的最大弊端就是未能因材施教，不能因材施教的重要原因之一就是"一师难称百生意"。许多老师苦于分身无术，照顾了后进生，耽误了优秀生，平均用力，又造成"吃不饱"或"吃不了"，高低难以两全，疲于操劳。而相信学生，采取小组合作的方式让学生自主探究，就能很好地解决首尾无法兼顾的问题。这跟带兵一样，一个连上百号人，如果由连长垂直管理，势必管不过来，而排、班的建制，既有利于排间竞争，又置每个士兵于班长的眼皮底下。高效课堂小组建设的道理也是如此，老师抓六七个小组长，每个小组长再抓四五个同学，这就把学习任务层层分解，内容上化繁为简，形式上提纲挈领。老师相当于有了孙悟空拔毫毛分身的本领，这是践行高效课堂的前提。

利用上进心，发掘原动力。

学习是人的天性，人天生有听觉、视觉、触觉，孩子用这些感觉器官感觉探索他们能感觉到的所有事物，再用大脑认知这些事物，这就是孩子的学习天性，也是人的学习天性。每个人都是天生喜欢学习的——今天教育的最大悲哀，就是把孩子这种好学的天性给扼杀了。其实，孩子的厌学，是厌恶学习的形式，换种孩子感兴趣的方式，不用老师督促，孩子也会学得投入。

善是人发展的方向，向善是人性的体现，是人性的光辉，人心都有向善的一面。换句话说，每个学生都有上进心，只是程度有强弱，持续时间分短长而已。利用上进心，就是利用学生向善、好学的天性，培养正当、持久的兴趣，挖掘潜在、强劲的动力，让学生在与同学的"比、拼、赶、超"中不甘落后，奋勇向前。

利用表现欲,搭建小舞台。

人从懂事起就有了表现欲,表现欲是人的基本欲望,是个性突出、有生命力的表现,它能给人征服外界的自信和能力。表现欲是儿童成长中最珍贵的东西,儿童越是高兴,表现欲就越是强烈。孩子在日常学习中,不管看到了什么新的事物,或者学到了什么新的知识,都会迫不及待地想让人知道,以获得别人的评析、赞赏,求得心理上的满足。这种表现欲是随着儿童自我意识的萌发而产生的,且会随着自我意识的增强而发展。

其实不止是儿童,成人的表现欲也是非常强烈的。我曾参加过数次高效课堂的体验式培训,每逢展示环节,那些老师们为了表现自己,不放过每一次发言的机会,竭尽全力地展现自己的光彩和能耐。成人尚且如何,若把学生的表现欲激发出来,课堂想不活跃都难。当然,利用学生的表现欲,要做到收放自由,动静适宜,张弛有度。最好,在组内搭建小舞台,给每个成员以机会,再把表现好的、能解决共性问题的展示推荐到班里亮相。这样,学习促表现,表现带学习,学生会为了自己的荣誉而加倍用功。

利用荣誉感,小组促竞争。

荣誉感是一种强大的精神力量,也是一个人不断进步的动力。为尊严而战,为集体争光,这都是受到荣誉的驱使与感召。高效课堂的分组学习,最容易培养荣誉感,学生也愿意为团队的进步摇旗呐喊。有了荣誉感,如何利用,关键看班级文化氛围和考核评价机制。首先,各个小组要力量均衡,都有强烈的进取心。其次,评价项目和方式要公平合理,能最大限度地调动学生参与的积极性。第三,评价结果要有后续表彰,让学生看到团结拼搏收获的胜利果实。

不要小看一张奖状、一面红旗或一个等级分数,学生往往视若珍宝。如果,能把每次考核评价的结果记录下来,并进行适当地累加转化,就像QQ空间偷菜一样，"偷"到一定数额就升至一定级别，这样就把学习变成了一种游戏，学生会在闯关晋级中乐此不疲。

利用差异性，结对兵练兵。

学生的个性差异也是一种资源，这种资源可以很好地在课堂上利用。比如小组内，甲生擅长语言表达，就可以让他在语文讲解上多做贡献；乙生擅长逻辑思维，就可以让他在数学推论上带个好头。利用差异，可以做到优势互补，资源共享；利用差异，可以在"取长"中拓展自己，又能在"补短"后帮助别人。

兽有兽言，鸟有鸟语。同理，师有师道，生有生法。笨办法往往最能解决笨问题，老师的清醒，固然能直奔大道，避免误入歧途，而糊涂的学生却最容易理解同学所走的弯路。同样是讲题，学生给学生讲，会用学生之间最容易理解的语言，沿着他们共同能想到的思路，虽不快捷却实用。而老师给学生讲题，居高临下，不容置疑，最容易犯先入为主的毛病，直接把答案一塞了事。再说了，棋逢对手才下得痛快，乒乓球业余爱好者直接挑战张继科，不是自讨无趣吗？

小组建设的意义

小组建设、导学案、展示，可谓现代课堂的三大热词。下面重点谈谈小组建设。一些学校搞过像杜郎口那样的两两对面坐，后来发现课堂纪律太乱，老师没法讲课，又恢复了原型。课改夭折、传统复辟者，不在少数。唯其难，才显示出价值。小组建设的意义无须怀疑，科学指导的方法也并不神秘，剩下的就是坚持，坚持，再坚持，反思，反思，常反思。

新课标强调"自主、合作、探究"，请问没有小组，怎么合作？一个中国人是龙，三个中国人是虫。独生子女时代，学生走上社会，是多么需要合作。小组建设的目的不光是为了培养学生的合作能力，还能产生"动车效应"。普通列车，是一节火车头拖着几十节车厢，火车头的能量决定着火车的速度。现在的动车为什么能跑那么快，那是因为它的每节车厢都能提供动力，不再是被动地等着拖，而是主动地往前跑，这就是动车效应。有了小组，班级管理就有了抓手，各小组之间就产生了竞争，有了PK就激活了学生的表现欲与进取心。

20年前的电视节目"综艺大观"被今天的"星光大道"取代，为什么？如果没有了PK与晋级，失去了互动与悬念，仅仅是表演几个节目，还有人愿意看吗？课堂教学可以从"星光大道"中得到许多启示，比如，老师如何向主持人学习，嘉宾点评的时机与分寸，节目进程的衍生与掌控，现场观众的互动与利用……只要愿意动脑，愿意投入，教学是多么有意思的一件事啊！

展示的作用不可限量

刚才说了，展示是现代课堂的三大标志之一。为什么要展示，展示什么，如何展示呢？学习目标的达成、教学信息的反馈、学生资源的挖掘都离不开课堂展示。李炳亭曾写过一篇文章，《展示的作用可以无限放大》。高效课堂研究专家、兖州一中原校长杜金山认为，展示至少有以下几项功能。一是开发资源。自主预习，新知与旧知必然会有冲突，这是很重要的学习资源。这种资源，只有通过展示，才能被开发利用。展"对"不展"错"，等于资源被埋没。二是培植动力。从个体上讲，展示瞄准了学生的基本心理需求，让学生享受学习、享受成功，从而获取主动学习的动力。三是培养综合思维能力，落实知识。冲突后的学习，是真实的学习，这样获取的知识，不仅记忆牢固、理解深刻，更重要的是让学生有对知识意义的自我构建过程。

重视展示已经获得共识，问题是，很多老师只安排做"对"的同学到黑板上板书，大展示时，组长也总让口才好的同学冲到前面，课堂上一旦"冷场"，教师就迅速介入，这样就造成了课堂展示的几乎都是正确的东西。学生讲解的，也一如传统教师一样，滔滔不绝、无懈可击。为了完成任务，教师甚至舍不得给学生稍稍"焖"一会儿的时间。难道展示仅仅是为了落实知识目标吗？

课堂展示的功能在于促进学生积极主动完成任务，感受成功或失败的体验，激发学生参与学习的积极性；规范学生的学习成果，暴露学生学习中存在的问题或认知缺陷；收集学习信息为诊断补救做准备；充分质疑、释疑，让思考走向深入。

课堂应当是学生展示自我的舞台，好、中、差学生都要有展示的机会。因为学生通过一定的努力，有所收获了，这个时候他的心理趋向就是渴望得到别人的认可，从而获得成就感。如果此时不给学生展示的机会，就会挫伤学生的热情和积极性。一个题目往往有不同的解法，通过展示自然可以开阔学生的思路。此外，通过展示，教师从中发现学生的易混点、易错点、易漏点，从而准确确定自己的讲点，即"以学定教"。

展示在于激发学生的"表现欲"，点燃学生的"表达情"，捍卫学生的"自尊心"，培养孩子的"自信心"。让孩子在展示自我的过程中，不但要展现"合作"学习的成果，而且要展现个人的智慧风采，使孩子获得"成就感"。

展示拓展了学生合作学习和向同伴学习的渠道。展示可以有效地激发学生的学习热情，成为学生重要的学习动力。展示满足了人性的基本需求，成为学生成长的重要形式。展示最大可能地发展了学生的个性与才智，保障了学生有自信和有尊严地成长。

展示的过程不能僵化地回归到"学生当老师"，然后再造出"新瓶装旧酒"的传授模式。而是要把展示与讨论、评价进行互动组合，让展示张开双翼，让展示的过程体现出为学习动力系统充电的效应。

发挥每个学生的积极主动性

授之以鱼不如授之以渔，授之以渔不如授之以欲！在传统的课堂教学中，"学会"是教师像"搬运工"那样把知识从课本搬到学生的头脑中，好的"搬运工"可能效率高点，搬的是精华，差的"搬运工"不仅可能搬错运乱，还可能捡芝麻丢西瓜。"会学"呢，是学生掌握着主动权，主宰着课堂，在老师的引导辅助下，学生有独立思考的习惯，善于发现问题，并能合作解决问题。学生的"学"和老师的"教"有机地结合起来，学生把掌握的知识技能有效地运用到学习生活的实践中去。

教学，就是"教"学生会"学"，叶圣陶先生说得更好，"教是为了最终达到不需要教"，这是教学理应追求的境界。形象地说，教师应逐渐实现由"抱着学生走"到"扶着学生走"，并最终实现"让学生独立行走"。一般说来，"学会"容易些，而"会学"则相对要难。"学会"关注的是结果，"会学"重视的是过程。遗憾的是体制对教学效果的考查死盯着"学会了没"，而对"会不会学"只强调于虚无的教育理想上，造成了一种尴尬局面：谁都知道"会学"重要，可下的工夫全在"学会"上，这是理想与现实脱节的症结所在，也是学生高分低能的罪魁祸首。

传统学习方式过分突出和强调接受和掌握，冷落、忽视发现和探索，从而在实践中导致了对学生认识过程的极端处理，使学生学习变成了死记硬背书本知识，学习成了被动地接受、记忆的过程。这种学习桎梏人的思维和智慧，它不仅不能促进学生发展，反而成为学生发展的阻力。它把学习建立在人的客观性、受动性、依赖性上，导致了人的主动性、能动性、独立性不断被销蚀，严重压抑了学生的学习兴趣和热情，影响到了新生一代的健康成长。因此，提倡以弘扬人的主体性、能动性、独立性为宗旨的自主学习,成为课程改革的首要目标。

学习过程不是简单的信息输入、存储和提取,而是新旧知识在学生主体中双向作用的过程,这个过程是学生主动建构的,是别人无法替代的。

附:本文原为在固安县一所中学的讲座发言,下面引录与固安教师对话之八问八答。

问一:每天每节课都会产生对每一个学生的评价,这样的数据量将是惊人的。如何处理这些数据,让这些数据为教学服务?

恕俭答:评价仅是手段,目的是激励与督促;或者说评价是形式,作用是矫正与导航。既然是手段、形式,就不能为形所役,更不能买椟还珠。关于数据,态度上不要较真,使用上可以简化(比如10个红花换颗星,10颗星换月亮,10个月亮换太阳,最终比谁的太阳多),零星统计与专门考核相结合,别陷入"数据"的泥坑里,我们不是为数字教学的。

问二:每个学生经过一段学习之后会有一个变化,或进步或后退,如何及时调整,使小组适应个人的成长?

恕俭答:你说的"适应"应该是双向的,既要求小组具有包容性、凝聚力,也要求成员趋同兼顾,互相协调照应。一旦小组有了共同的追求信仰,带头人的优点会渗透到每个成员身上,而弱势生的缺点会成为团队的"眼中刺",被拔掉是自然而然的,这也是小组合作的价值。

问三:给每个小组分派的任务,到底是一个完整的苹果切成瓣还是每组一个苹果,也就是小组学习量的问题。

恕俭答:评价是针对小组,任务的分配也要由集体来承担。这个"苹果"需不需要切,切成几瓣,也应该由小组来决定。老师的任务是调控吃什么,吃多少,表扬会吃的同学。小组的策略是,按需分配,能者多劳，扶持弱势。

问四：教师兼顾到每个小组的精力分配，到底是排名靠前的组多照顾，还是把精力放在落后的组身上，如何找到黄金分割点？

恕俭答：抓两头，促中间。可以利用优胜小组树立榜样，号召全班学习；也要帮扶弱队，给他们出谋划策，不要让他们失去信心。老师的精力要放在激发学生的内驱力，而不是头痛医头，脚痛医脚。

问五：怎样让小组不流于形式，让每个学生真正参与其中？

恕俭答：问得好！杜郎口摆桌子设黑板的"形"，容易"复制"，而每天两次的反思之"神"，最难"粘贴"。要想让学生"怀有期待"，必须志存高远，坚持创新，想方设法让学生乐此不疲。教育说到底是唤醒孩子的内在动力，就像口渴了自己会找水喝一样。培养良好的学习习惯，也要让孩子产生自我认同感，进而激活他的内驱力。孩子只有在一种自由、自主的状态下学习，才能真正进入"学习"的状态，学习效率也才能最大化。反之，如果是在一种受控制的、被强迫的状态下学习，孩子的心态会变得消极，疲于应付，得过且过。如果利用老师或家长的威严硬逼着学生学习，情况更糟——孩子本来是"为需要而学习"、"为自己而学习"，结果却变成了"为完成任务而学习"、"为老师而学习"或"为免于家长的惩罚而学习"。

问六：小组要不要定期调整？怎么评价？

恕俭答：人，需要归属感，不稳定的分组与闹离婚的家庭一样，不可能再同舟共济。固定的结对，彼此熟悉，相互适应，日久生情，有利于携手共进。当然，谁和谁结对，容不得乱点鸳鸯谱。

人还有天然的集体荣誉感，学生更甚。评价小组合作的成效时，一定要用"捆绑式"，即评价小组而不针对个人。小组评价强调"一荣俱荣，一损俱损"。这种一石二鸟般的双重评价，表扬时能有扩散效应，批评时又能含蓄地淡化对当事人的影响。

问七：怎样的合作才是孩子的成长和学习所需要的？

恕俭答：这个问题很有价值。合作学习有它的内在规律，无视科学，急于求成，有可能画虎不成反类犬。教育即人学，只有研究学生，满足学生的心理需求，才能更好地利用学生，进而走上"我教人人，人人教我"的理想轨道。小组合作学习的好处在于，人数不多不少，每个人都处于被关注之中，再加上小组的相对固定，彼此间知根知底。领悟能力强的，有展示表现的欲望；学习能力差的，也愿接受手把手的指导。就在这问答讨论中，各展其长，各有所得。

在合作学生中，看似优秀生吃了亏——尽帮别人忙了。其实不然，美国国家教育实验中心有个调查数据：从学习24小时后的检测结果来看，只通过听讲获取知识的巩固率大约是5%；通过阅读获取知识的巩固率大约20%；利用多种视听手段，比如多媒体获取知识的巩固率大约30%，而通过交流讨论后知识的巩固率可以到达50%以上。优秀生要"赠人玫瑰"，就意味着他要先采到玫瑰，即使手不留余香，也是一件很幸福的事。

我以为，教学的最佳策略是：即学即用，用以促学，学用相长。在小组合作学习中，后进生能提出问题就了不起，学问、学问，会"问"就是学。而优秀生学到的知识，马上就能利用，这显然会"因用"而"促学"，就像把孩子带到滑雪场，扔过来一副雪橇说，谁学会了谁去玩——玩还用教吗？讲授式课堂的弊端之一就是在"学"与"用"之间脱节，学的用不上，或学的要到很久以后才有用，谁有耐心考虑若干年以后的事呢？就像在课堂上摆副雪橇，然后讲解它的构造与功能，并让学生背下三条使用技巧，就是不让学生摸一摸，用一用，学生会感兴趣吗？

问八：刚分组时，学生感到耳目一新，学习也会有起色。但是，时间久了，学生对分组学习也会生厌，产生倦怠感。怎么办？

恕俭答：您说得很对，审美都会疲劳，何况结对学习。所以，让学生动起来，才会避免打瞌睡。这个"动"，不仅指动中学，动脑学，还得靠创新，去满足喜新厌旧的人性，追求鲜活灵动的课堂。小组调整、目标调整、过程调整，都有助于消除倦怠。

高效课堂为什么需要模式和规则

在杜郎口中学发现一个现象,无论哪个年级、哪门学科,上展示课时,教师及学生(一般是学生干部)时常提醒一些规则,比如要运用肢体语言,声音要洪亮,板书要清晰等等。我颇为不解,为什么规范得那么严格呢?

众所周知,高效课堂讲究两个字,一个"活"一个"动","活"即灵活、活跃、活生生,"动"即联动、走动、动中学。杜郎口奉行的"让学生动起来、让课堂活起来、让效果好起来",其精髓就在"活"与"动"上。按理说,"活"则易生乱,动起来更是不好控制,而杜郎口的课堂"动如脱兔,静如处子",且该动时一个手势即可变换阵形,该静时递个眼神瞬间鸦雀无声,整个课堂显得忙而不乱,杂而有序,十分协调,效率很高。这得益于什么呢?答案是规则明确,执行严格,全员遵守。

拿展示规则来说,杜郎口还编了歌谣用以记忆和渗透。(详见本书《学生为什么这么"欢"》一文)贯彻这些规则有什么好处呢?第一,有模有样,仪态大方,能提升展示者的自信。第二,自动聚焦,加强吸引,能收拢全班同学的注意力。第三,追求完美,精益求精,能最大限度地优化学习效果。比如,要求脱稿,就避免了照本宣科;声音洪亮,能提振士气,听得清爽;运用肢体语言作渲染,更会让学生全神贯注,防止走神。

这些规则怎样形成呢？功夫在诗外。

没去过杜郎口的老师很容易认为，杜郎口的课堂像赶集，学生可以为所欲为，事实上，杜郎口学校的纪律相当严。如学校要求"人走桌净"、"物归原处"，学生会在就餐后将桌椅擦得干干净净，还会随时随地捡起地上的纸屑、果皮等垃圾。值得一提的是，杜郎口学生每节课都用许多粉笔，但在任何一块黑板下都看不到一丁点粉笔头。有位参观者感慨地说，在一般学校，哪怕只有一位老师书写，黑板前也满是粉笔头，难道是杜郎口的粉笔特结实，不容易折断？笑过之余，谁心里都明白，杜郎口学生的行为习惯养成得太好了！

这种令行禁止、整齐划一的纪律约束，对学生学习有什么好处呢？第一，步调统一，效率提高，减少了组织课堂时间。第二，步步为营，环环相扣，避免了拖拉散漫的消耗。第三，正面督促，互相影响，能让学生严格要求自己。相反，如果放任自流，真的让学生为所欲为，结果肯定是课堂乱成一窝蜂，学生想学也不得安宁。

我曾担心，这种严格的要求，学生会吃不消。结果，我采访的几个学生不约而同地说，一开始是需要适应，但适应后就觉得学校的管理很好，那些规则也谈不上苛刻，毕竟在课上"动"累了，课间相对安静些，反而是一种自然而然的需求。一个初三的学生还用"能量守恒定律"来作比，他说，学生每天需要多少"动"，需要多少"静"，都是"守恒"的，我们在课堂上释放了"能量"，享受了"自由"，在课外安静些，遵守约束，就成了一种弥补，一种调节。

当师生认同规则，能自觉遵守，且觉得受益匪浅时，这种规则就会深入人心，形成自律，进而上升为校园文化。模式也是如此，高效课堂倡导学生自主学习，但是学生究竟学什么，怎么学？必须有一个抓手，这个抓手就是模式。

"模式"中的"模"就是"方法、规范"，"式"是"招式、样式"。

前文强调"规则"的重要性，其实就暗示了"模式"的不可轻视。模式可以看作一个框架，它对学与教有一定的规范作用，有了模式就有了套路，有了依靠，就不会漫无章法，顾此失彼。

模式使高效课堂有章可循，更易于操作，它相当于一个流程，规范了课堂的每一个环节。甚至可以这样理解，强调模式就是为了把复杂的问题简单化，把理念层面的问题流程化。当然，统一模式难免有呆板僵化的弊端，所以，我们不能唯模式论，更不能局限于某一个模式中，要借模式诠释以生为本的高效课堂理念，借模式承载"活而不乱，动静相宜"的课堂规则。

没有规则行不通，没有模式也不成。

一堂好课的十条评价标准

一、精神面貌：手握钢枪上战场

　　我认为，评价一堂好课的第一标准就是看师生的精神面貌，是精神抖擞还是吊儿郎当，是全神贯注还是心不在焉，是勤学好问还是冷漠懒散，是字正腔圆还是含糊其声，是群情激昂还是七零八乱……这从上课的起立动作中，从问好口号的呼喊中，从回答上台展演的争抢中，从积极发言的争辩中，都能看出来。好的精神面貌应该是和谐、活跃、民主、高效、务实的，由此营造的课堂气氛能让每个参与者都有见贤思齐的上进心、分秒必争的紧迫感和舍我其谁的表现欲，身处其中都感到振奋、激昂、欢快、充实。这种氛围看似是玄妙而无从把握的东西，其实它体现在师生交往与活动中间，体现在课堂的物质存在与精神存在中，完全是可以被当事双方与观察者感知的客观存在，是一种可以左右课堂教学活动效能的关键因素。

二、求知欲望：追根究底探黄泉

　　兴趣是最好的老师，关键怎样提高兴趣？概括说来，教师应选择适当的学习内容，设计科学的教学方案，营造宽松的教学环境，采取灵活的教学形式，组织得当的教学过程。内容、形式、过程、环境，都会引发学习兴趣，也可能转移学生的注意力。所以，评价一堂课，第二个方面就看学生学习的兴趣是否浓郁，看老师的启发引导是否奏效，看课程设计是否能激趣，看合作探究有没有吸引力，看研习收获有没有成就感，看多元互动有没有感召力，看学生的注意力有没有分散转移。如果一堂课，师生均进入状态，物我两忘，两耳不闻窗外事，一心只读圣贤书，那么，这样的课堂一定是最好的。

三、教学方式：自主互动求实效

真正的好课，学生是教师的同伴而不是单纯的执行者，是课堂的主宰而不是作业的奴隶。学生在教师的引导下，积极发挥自身的能动性，借助与同学合作的力量，应用最适合自己的方式，去获取新知锻炼能力，并在不断进取中感受学习的快乐。所以，评价一堂课的第三个标准就是学生是否自主，有没有互动，有没有因人而异体现个性化教学，有没有优势互补倡导合作学习，有没有站在学生的立场上从学的角度去设计问题，有没有关注学生的发展差异并提供阶梯式套餐……如果仅是老师大显神通，将教材讲得淋漓尽致，而学生只是听众观众，那么，这样的课堂不算好课。

四、教学效率：张弛有度分劳逸

综前所述，一堂好课的标准，包括学生学习的主动性、多元的互动性、自行获取知识的实践性等等，其实，还有一个方面至关重要，那就是"有效性"。教学效率表现在两个方面：一是全员的参与度，二是个体效率的平均值。效率有高低，如果流于形式没有效益或者只是对少数学生有作用，那么这节课就不能算是比较好的课。好课首先是充实的、紧张的、有序的、提高的，不同的学生有不同的事干，都在忙，还能井然有序。当然，一味的紧张并不可取，一张一弛是文武之道，劳逸结合也是学习的法宝。

五、知识容量：科学合理有梯度

教学内容是课堂教学质量的根本保证，好课堂的教学内容具有如下特征：一、教师正确理解并根据学生的实际发展水平和特点创造性地使用教材，合理确定重点和难点，精选具有基础性、范例性和综合性的学科知识。二、内容具有挑战性，能激发学生的学习兴趣和求知欲望，让学生跳一跳摘桃子。三、重视教学内容的文化内涵，体现科学性、人文性和社会性的融合。四、关注教学内容的实践性，密切联系社会实际和学生生活实际。完美的课堂还具有"生成性"——这节课不完全是预先设计好的，而是在课堂中有教师和学生真实的、情感的投入，又有智慧思维的启迪，既有学习资源的生成，又有过程状态的生成，还有创新领悟的生成。

六、能力训练：立竿见影搞反馈

课堂讨论是课堂教学活动的高潮，是深化认知、发散思维、发展能力、提高觉悟的重要途径，是学生主体作用的生动体现。师生互动、生生互动，把教育、培养、发展三者有机地统一起来，实现了知识与个性、实践与能力、觉悟与品德的和谐发展。但仅有讨论还不够，一堂好课应有适当的训练与检测，并让所有的学生都能得到成功的体验，以激发学生学习的内在动机，不断促进和强化不同层次的学生建立学习的自信心和自尊心，特别是要体现出对学困生学习自尊心的保护，真正落实新课标"面向全体学生"的课程理念。经常检测并及时反馈，相当于给学生提供了一面展示自我、认可自我、修正自我的镜子，有了这面镜子就可以温故知新查漏补缺。

七、目标达成：当堂检测要灵活

按理说，评价一堂课，应把"教学目标"放在前头，我却把它列在第七位，因为我更看重的是目标的达成和为达成目标而采取的教学措施。评价一堂课，着眼点在课堂，源头在备课。备课的首要考虑因素就是教学目标，从"知识和能力"、"过程和方法"、"情感态度和价值观"三个方面设计课程目标，才能做到有的放矢，才能避免"放空炮"。设置好教学目标，教师教什么才心中有数，怎样教才心中有路。如果目标不明确或干脆无目标，漫无边际地瞎学乱教，势必一团糟。好的课堂，师生对目标都了然于胸，教学指向"直捣黄龙"，教学过程尽量避免旁逸斜出。这样的课堂自然目标明确，思路清晰，提纲挈领，直奔主题。

八、延展带动：余音绕梁怕下课

"你的每堂语文课我都很期待，课堂上真的希望时间停滞，特别害怕听到下课铃声。"这是学生恭维老师的一段话，却间接道出了最佳课堂的真谛，那就是余味悠长影响深远。期待着上课，意味着视学习为享受，害怕铃声，则说明这样的课堂趣味横生。鉴于此，评价一堂课不仅要看学生在课堂上的表现，还要询问学生的心情体验。好课应是教师巧妙地创设课堂情境，激发学生的学习兴趣，让学生自主探究，乐于训练，每一个学生都有参与的机会和表现的舞台，使每一个学生在参与的过程中体验学习的快乐，获得心智的发展。

九、师生关系：融洽和谐春满园

  教育是探索、是启蒙，而不是宣传和灌输；是平等对话与自由交流，而不是指示和命令；是丰富知识，而不是统一思想；是尊重和信任，而不是消极防范。一堂好课给人的感觉，应该师生都是学习者，都在超越自我，教学相长，学生不但能看到教师思维的结果还能领略整个过程，而且能得到教师智慧的引领和启迪。老师传授的是"点金术"而不是简单地送金子，学生掌握的是能力而不仅仅是知识。好的课堂注重通过教师与学生间的情感交流形成民主和谐的教学气氛，让各个层次的学生都能获得或创造或成功的心理体验，感受生活的乐趣和学习的美好，并借助这种美好憧憬去不懈追求，自觉回馈老师和社会。

十、课堂情景：胜似联欢喜洋洋

  一堂好课必须形成学生的兴趣和持续学习的动力，这就要求：教学过程流畅，知识过渡自然，课堂气氛活跃，"形"散而"神"聚。教师设计的问题要准确，要环环相扣，要能不断启迪学生的思维，让学生真正地"思"起来、"活"起来。但课堂气氛的活跃并不是简单的欢声笑语，更不是肤浅的师生对话，而是教师与学生间心灵的碰撞、情感的沟通，是师生互信、互动的一种美好境界，是师生在共同探究、共同学习中分享快乐的一种情感体验。同时，课堂气氛的活跃还要有"度"，既要学生"动"，又不能让学生"乱"。教师要用一根"线"始终牵住学生的活动，从而很好地把握课堂的节奏。要体现有效的师生对话，教师的巧妙设疑，要留给学生思考的时间和空间，要引导学生思考，使其积极参与到学习活动中，并由此激发学生大胆质疑、主动探究的潜能。

自主学习 369

课改呼唤新教师、新学校、新课堂、新学生。其中,新学生的标准是具有创新能力、合作意识、自主能力、民主观念,既是自己发展的主人,也是自己精神的主人。本文呈现自主学习的3种类型、6个方法、9项策略,以及学生在学校生活中的自主管理实例,是为了表达一个观点:"没有自我教育,就没有真正的教育。"自主靠什么实现?靠学校支持、教师引导、学生践行。

3种类型

1. 独学——自我解决问题

每个学习主体都是具有相对独立性的人,学习是学习主体"自己"的事,是任何人不能代替的。因此,自主学习的最常见类型就是"单打独斗型"。喜欢单打独斗的学生,往往具有成熟的心理认知系统,有个性,偏好独立思考,能够依靠自己解决学习过程中的"障碍"。

单打独斗,需要有较强的自律性,既能规范自己的行为,又能自我约束,表现为能自觉地学习。真正优秀的学生对学习的意义、目标有清醒的认识,对学习的时间、方式有合理的掌控,对学习的进度、反馈有科学的调整。

2. 对学——"1+1>2"的增值效应

自主学习不仅需要有自我负责精神,具有强烈的好奇心和学习主动性,还要拥有探究精神和对学习惯。对学既能保证同伴之间的自主性,还会产生"1+1>2"的增值效应。对学时,同伴之间对学习的内容、方法、时间可以自主选择,协商优化,学习过程也可充分掌控,务实高效。

对学如果和探究联手,更容易激发兴趣,乐此不疲。对学的最好方式是刨根问底,对子间通过质疑、释疑,能不断挖掘知识的深度。如学习李白的《静夜思》,学生对"床前明月光"的"床"到底是卧具还是井栏,展开自主探究,他们查资料,搞辩论,忙得不亦乐乎,收获更不在话下。

3. 群学——合作学习

自主学习虽然强调个体的能动性,但不排斥群体的合作,而且,这种群体的合作学习(简称"群学")往往更能体现自主学习的精髓。"群学"并不是简单地围在一起七嘴八舌,而是以小组为单位有明确分工的协作展示。分工协作是建立在每个学生个体充分自主探究基础之上的,表现为"八仙过海,各显神通",将成员自主学习的成果共享,"集思广益,去芜存菁"。

分工协作,要求学生充分利用自己的特长,取长补短,合作共赢。学习小组长相当于主持人,每提出一个问题,学生各抒己见,在观点的碰撞与交流中,相互启迪,在引领教诲别人的过程中,知识经过应用记得更牢。因为小组的人数适中,每个人都处于被关注之中,再加上小组的相对固定,彼此间知根知底。领悟能力强的,有展示表现的欲望;学习能力差的,也愿接受手把手的指导。就在这问答讨论中,各展其长,各有所得。后进生提出了问题,变相明确了重点难点;优秀生为了当好小老师,自然冲锋在前,勤学苦练;中等生前受引领后变推动,在合作中查漏补缺。

6个方法

1. 制订学习计划

自主学习的第一步就是要制订学习计划。计划有许多种，可按时间、学科、目标等分，也得有随想、预计、应变等备选方案。计划并非必须写在纸上，有时只需要心中有数即可。比如，每个小组要有明确的学习目标，每个小组成员也要有个性的目标，每节课、每个时间段也要任务明确、目标清楚。每个同学要知道自己在干什么、该干什么，每个小组要对成员的计划落实情况进行督查激励。让学生在小组活动中感到这是一件很有趣味的事情，而且是很容易做到的事情。

2. 加强时间管理

没有学习主体对自己学习过程所进行的自我观察、自我审视和自我评价，没有学习主体根据这种自我监控所做出的反馈、调整及强化，就谈不到"自主学习"。自主学习的关键就是时间的合理分配与精心安排。那种眉毛胡子一把抓、分不清轻重缓急的"自主"，是懒汉放羊式漫无边际的自主，有可能造成捡芝麻丢西瓜，得不偿失。加强时间管理，需要有计划做先导、自律为后盾、充实为宗旨，达到劳逸结合、寓学于乐的理想状态。

3. 整合利用资源

网络时代，学习的制高点是整合利用资源。这里的资源不仅包括自身的知识积淀，还暗含着学习的工具、途径与方法策略。整合则要求学生在自主学习时以知识的重点为"圆心"，以自己的学习能力为"半径"画圆，能较为系统梳理整合所学的知识。比如，请六年级的学生说说简便运算有几种方法？有心的学生就把小学从一年级到六年级的简便运算全部归类弄清楚了。这就是找到了一个知识点，以自己学习的实际情况为半径，将知识系统化。

4. 重视反馈信息

自主学习不是漫无目标地自由学习，它需要重视学习过程的优化与方向的修正，及时查漏补缺，针对出现的问题交流研讨，能够自评学习效果，学会反思并调整方式策略。信息反馈的方式多种多样，可同学之间互相监控，也可依据导学案做好自我测评，还可对照学习目标检查任务完成情况。教师不能一味地牵着学生的鼻子走，要让学生有选择的权利，让学生在学习过程中能把自己的特长展示给同伴以得到赞赏，尝到成功的喜悦。自主学习要让学生有选择参与评价的权利，让学生对自己、对同学的学习，对老师的教学作出评价，再用这种评价完善自己。

5. 养成良好习惯

播下一个行为，收获一种习惯；播下一种习惯，收获一种性格；播下一种性格，收获一种命运。这充分说明了习惯的重要。自主学习的好习惯有：做事有主见，学习讲方法；珍惜时间，擅长统筹安排；主动参与，乐于探究，勤于动手；会搜集和处理信息，善于交流与合作；能自觉地制订学习计划，确定学习目标，组织学习活动，自我监控学习过程；能主动选择学习策略，自我评价学习结果，积极创设最优化的学习内部环境与外部环境等等。

6. 坚持学以致用

课堂上教师讲得越多、越细、越深，学生就学得越苦、越累、越烦。长时间地灌输，学生不能"学以致用、用以促学、学用相长"，就会"被动接受、难以消化、无动于衷"。自主学习推崇"学以致用"，而不是"学以备用"，如果"学"与"用"之间隔着一段时空，甚至挡着一堵高墙或横着一条鸿沟，让学生看不到应用的前景，体会不到应用的乐趣，更无法在应用过程中探索学习，所以，真知就无法从实践中产生。"要求儿童在今天就过着丰富的精神生活，而不只是为明天掌握知识做准备"，教育家苏霍姆林斯基的这句教育名言，其实就是强调学以致用。

9 项策略

1. 创设合作情境

自主容易合作难。难，恰恰显示出合作的价值。"自主"与"合作"就像两个半球，结合起来，才能更好地滚动发展。创设合作情境的首选做法是变传统的"插秧式"排座位为六人一组的"对脸坐"。这样能充分发挥小组合作学习的作用，实现差异互补，提高自主学习的质量。如在问题讨论时，小组各个成员都要独立思考，积极发言，共同探讨，互相合作，每位小组成员都要轮流当小组长和"发言人"。新课程教材为自主学习提供了良好的平台，其中包括探索发现、科学视野、实践活动、资料卡片、科学史话、思考与交流等，要充分利用好这些多样化的教学活动，为学生提供一个自主学习、亲身体验、合作交流的机会，培养学生自主学习的兴趣，促进学习的主动性。

2. 小组科学搭配

小组成员分 ABC 三层，AA、BB、CC 分别结对子，按照"组间同质，组内异质"的原则，实施"捆绑式"评价。以班级管理为例：小组同学根据菜单上的任务，结合自己的喜好，自由选择自己的工作任务。这个过程中优秀的同学一定要让平常内向的同学先选择，这既是发扬绅士风度，又是弥补公平。要让每个同学都有职务，而且都是自愿承担的，让学生感觉到履行职责是件很神圣的事情。为了推动学生人人都能自主，评价机制必不能少。这个评价一定要采用"捆绑式"，一损俱损，一荣俱荣。每个小组根据《××学校×班×学科学习法》编写了《×小组自主学习评价办法》，小组人员在制定时集思广益，在共同约定后签字生效，并把《评价办法》贴到每个组的组牌上，放在小组中间，每组选出"自主学习监督组长",组长在相应的自主学习时段中提醒、监督并反馈。而小组之间也在每天、每周用表格评比。

3. 明确学习任务

自主学习最大的忌讳就是漫无目的,信马由缰。因此,明确学生任务,让学生知道什么时间该学什么,学一门知识该怎样去学、学到什么程度,这非常重要。教学中,我们每节课都有相关的目标,而这个目标不是老师硬性规定必须达到的,而是由学生根据老师提供的学习范围和结合自己的原有基础选择的,学什么,学到什么程度由学生自己来确定,从而使不同层次的学生都能提出适合自己的学习目标,明确了奋斗的方向也就减少了学习活动的盲目性。

4. 利用问题导航

思维是从问题开始的,课堂上要想让学生思考,必先让其发现问题。爱因斯坦说:"提出一个问题往往比解答一个问题更重要。"科学家的发明创造都是从问题开始。"学起于思,思源于疑","小疑则小进,大疑则大进"。问题越多,好奇心越强,兴趣越浓,注意力就越集中,思维就越活跃。自主学习强调以问题为纲,提纲挈领,主线贯穿。很多概念的学习都可按照"是什么"、"为什么"、"怎么样"的章法举纲张目。因此,我们要给出机会让学生将问题呈现出来,这样才能让学生在质疑中不断去挖掘、探索。如学习《金岳霖先生》,抓住一个"怪"字,一切问题迎刃而解。

5. 及时总结整理

好记性不如烂笔头。每堂课都要让学生自己去小结,这也是培养学生自主学习能力的一项重要内容。下课前让学生结合学案,在小组对子间说一说本节课学会了什么,是怎样学会的;是否达到了自定的目标,若没达到是什么原因,可有什么改进的办法。这样让学生自己理清知识脉络,纳入认知系统,提高自学能力。总结整理时,如果能用"纲要信号图示法",做到化繁为简、一目了然最好。

6. 树立自主榜样

榜样的力量是巨大的,尤其是身边的、可望又可即的榜样更值得学习。"借助榜样,发展榜样"应该成为从班级到年级,再到学校每周、每月必干的"大活儿"。在每个班的每个小组里都设立"我最自主"奖项,并把这个奖项延伸到班里、年级组里和学校里。每周每组评出一名,张榜到班里,每月每班数名,张榜到学校里。然后从班主任到年级主任再到校长,每到张榜时便对获得奖项的同学进行隆重的表扬仪式,让会自主学习的同学在这一时刻成为最了不起的焦点,更让大多数想成为焦点的同学点燃自主学习的激情,激起自主学习的欲望。

7. 激励不忘惩戒

激励固然重要,惩戒也不可少。利用自我惩戒方式,让学生养成坚持的好品质。小组同学领受了任务就一定要对任务负责。要自己给自己设定底线,如果没有按时完成任务要接受惩罚。不必选择暴力行为,只让学生选择为班级服务的方式。一定是有教育意义的,可以是写反思(变相学语文),还可以给同学讲讲名人通过努力成功的故事……学生一定要通过这种方式告诉自己要坚持下来,而且自己的坚持也能让自己的小组同学更加优秀。其实这个也是小组同学互相监督、互相促进的行为方式。

8. 集体商定班规

班级公约可由全体学生商讨制定,把学校、班级常规要求转化为他们自身进取的需要,以激发他们自主参与班级管理的积极性。班级采用每天自评、每周小组评、每月班评、每期总评的办法,把整个学期中每个学生学习、生活的全过程变成一个不断进取、不断达成小目标的过程,引导他们一步步迈向总目标。同时,民主选举班干部。班委们职责明确,各司其职,分工合作,废除班干部终身制,每周由全班同学对班干部的履职情况进行评议，让更多的同学有参与班级管理的机会。这种促成学生自主发展的德育模式，即把教育的主动权还给学生，引导学生参与民主管理与自我管理，参与各项德育活动，在参与中自我体验和感悟，在参与中实现自我教育，进而实现自主发展。

9. 施行民主管理

为自己领受的任务制定相应的"法规"，学生就会根据领受的任务结合班级日常行为规范自想办法。如果是纪律问题就要想出相应的矫正方法，如果是卫生方面，就要想到打扫到什么程度才算合格。班内的"法规"一定要具体，可操作性强，学生看了一目了然。这里面也包括检查的时间、监督的范围。最后全体投票成立一个仲裁委员会，让有威望的同学主持公道，大家会心服口服。在班级学生互相监督的过程中一定会出现一些问题，出了问题一定要有人解决，仲裁委员会通过"学生自己调解解决"的方式，分析原因，调查取证，最后自主解决问题。

新课程理念下合作学习能力的培养

新课程学习方式的特征就是"主动参与、乐于探究、交流与合作"。自主的程度、合作的效度、探究的深度可以作为衡量学生学习力的三大参照。合作学习既是课程改革的要求,也是学生个性发展的需要。合作学习有利于改善师生关系和生生关系,能真正发挥个人在集体中的作用,有效促进学生心理机能和社会交往能力的发展。合作学习要求学习小组成员共享目标和资源,共同参与任务,直接交流,相互依靠。然而,过于追求合作的形式而轻视学习的效果,分组随意没有团队氛围,评价失衡不能促进竞争等现象,困扰着学生合作能力的培养,到底该如何培养学生的合作学习能力呢?

有效合作的互补

《伊索寓言》里有这样一个故事:一个瞎子和一个瘸子,两个人要到达同一个地方,单靠一个人的力量是无法完成的。好在瞎子是强壮的,瘸子的眼睛是好的,所以瞎子和瘸子一拍即合,瞎子背起瘸子,瘸子指引着瞎子,两个人顺利到达了目的地。

共同的目标是产生合作意识的基础。寓言里的瞎子和瘸子想要快速安全到达同一个地方,这是他们的共同目标。学生进行合作学习,首先要明确本节课的学习目标、每个小组的学习目标、每个小组中每类层次学生的学习目标。目标明确，学生才知道需要做什么。

彼此的互补性是达成合作意向的强烈需要。瞎子和瘸子都清楚自己的缺陷，一个看不见，一个走路有障碍，但也非常清楚自己的优势，一个能看，一个健走。想要快速安全到达目的地，只有进行优势互补，这使得他们的合作意向比正常人要强很多。我们在合作学习中要引导学生能够正确认识自己的长处和不足，同时也要能看到他人的长处，以人之长补己之短。在具体的小组学习合作中，擅长书写的就多书写，擅长朗诵的就多朗诵，擅长绘画的就多绘画……小组内成员各发挥所长，合作学习就能产生最佳效果。

合理的分工和正确的方法指导使合作意识变为有效现实行为。瞎子和瘸子的合作，如果让瘸子背着瞎子跑，结果大相径庭。所以有了共同的目标和明白彼此的长短后，还要进行合理的分工和匹配的方法指导。在具体的小组合作学习中，老师、组长和组内的科代表都具备这种分工和学法指导意识，才能使合作学习由意识变成有效的行为方式，并最终实现学习目标，同时目标的实现又会使合作意识得到进一步强化。

合作的价值是共享和互补，学生因共同目标而产生合作意识，因互补需要而强化合作意识，因合理分工和正确方法指导而使合作意识变为有效行动。

有效合作的形式

合作的载体是小组，要想搞好小组学习，必须加强小组建设。

最常见的小组合作学习形式是按前后座位自然分成四人小组，座位的编排，往往又是按学生的高矮次序和男女生搭配而成的。这样分组虽然开展小组活动简便易行，但人员搭配不合理，不利于让不同特质、不同层次的学生进行优化组合、优势互补、相互促进。因为，合作动机和个人责任是合作学习产生良好教学效果的关键。小组成员间能否建立起积极的互动关系，每个人能否明确并积极承担共同任务中个人的责任，都有赖于教师对班级学生的合理分组。因此，在实践操作中可以施行双向选择，即组长选组员，组员也可择组长，只要遵循"组间同质，组内异质"的原则即可。

一般说来，科学的分工还要注意以下几点。因人因事设岗——分组时可以进行这样的搭配：男女学生搭配，学习基础好、中、差学生搭配，能力不同者搭配，不同特长者搭配，不同家庭环境者搭配。合作学习中，老师对每个学生的特长要心中有数，因事定人，确保个人发挥最大优势，而成员间又优势互补。在角色自愿挑选无法进行的情况下，老师一定要及时进行引导和干预。责任目标明确——小组组成后，各小组内产生组长、记录员、发言人、资料员等，在明确各人职责的基础上分工合作，确保人人有事干，杜绝有人无事干现象。一次合作中角色要固定，多次合作中角色可轮换。关注极端情况——学困生要安排专人指导，老师要给予关注，以保证学习任务的完成；优生必须有明确帮扶对象，谨防优生一言堂、一枝秀。

有效合作的时机

合作效度，是合作学习的生命。并非任何内容、时间都可以开展合作学习的。精心选择内容、准确把握时机是合作学习有效的前提保证。一般说来，合作的时机有：

遇到开放式问题情境时——即同一现象有多种解释，同一问题有多种解法的问题情境。合作可以拓展思维广度，延伸思维深度，找到问题解决的多重途径，达成殊途同归之效。

问题逐步深入需要归纳总结时——即从众多具体事例和材料中归纳总结规律、提炼本质的问题。此时的合作讨论，比较鉴别，去伪存真，有益于迅速抓住问题的本质或规律，提高思维的缜密性。

学生产生疑惑时——当学生在学习中碰到似曾相识，但又无从下手，不能立即解答的问题时，既有解决问题的欲望，又希望从别人的发言中得到启发和验证，渴望交流。这时再开展合作学习，效果自然不差。

学习任务大，个人无法完成时——实验操作、剧情表演、研究性学习都需要多人分工合作才能完成。

学生产生较大意见分歧时——在分析和解决问题过程中，有时会出现较大的意见分歧。这时的思维矛盾和认知冲突是学生产生学习动机的源泉，也是学生参与合作学习的最佳时机。在合作过程中，有了思想的交锋、智慧的碰撞，思维的积极性、主动性、敏捷性及语言表达的完整性和准确性都将得到很大提高。

有效合作的指导

有些教师在学生进行合作学习时，退至教室的一侧耐心等待；有的教师如蜻蜓点水般在各学习小组间游走，等到小组讨论结束后，教师依次听取各组的汇报，而且有时还不作评价，汇报完毕，课堂教学活动便宣告结束。

这样的合作学习，教师的作用未能凸显出来，合作学习当然也没有什么效果。要解决这个问题，就要发挥好教师的引导作用。我们所说的自主合作学习的"合作"，必须是从学生的学习需要出发而进行的合作学习，我们对学生是"放手"，而不是"放羊"。课堂上，没有教师引导作用的有效发挥，就没有学生主体地位的真正体现。合作学习就是一场交响乐演出，大家分工负责，各司其职，在乐队指挥的导引下，演奏出一曲曲和谐美妙的音乐。教师，就是交响乐团的指挥，虽然没有直接演出，但却是乐队的核心。

教师在课堂合作上应发挥好"导向、导趣、导思、导法、导疑、导问"的作用。"导向"即方向上的引导，教师要引导学生确定并认定学习目标，进而围绕学习目标开展一系列的学习活动。"导趣"即创设情境，激发兴趣，引发情感；兴趣是学习的最好老师，兴趣是学习的原动力，兴趣是实现乐学的法宝。"导思"既是在学生学习遇到困难，思维受到阻塞的情况下进行的施"导"，同时又是针对不同学科特点进行的思维方式的引导。"导法"既是指导学生掌握学习方法，又是引导学生掌握基本的学科知识、规律和技能，培养学生在社会发展中所必需的基本素养。"导疑"即要求教师在学生"有疑"时"顺疑而导"，也就是我们常说的"点拨"；在学生无疑时"设疑而导"，也就是我们常说的"追问"。"导问"即引导学生将知识转化为问题，一方面是围绕学习目标实现对课堂学习效果的检测，另一方面引发学生生成新的问题，使学生带着问题走出课堂，实现对所学知识的升华。总之，高效课堂要求教师在课堂活动中自身定位要准确，既是引导者、合作者、服务者、开发者，还应该是学生学习的同伴。

教师引导作用发挥到位，就要像主持人一样，既能举重若轻，又能举轻若重：善于引导学生明确目标并产生兴趣，引发情感；善于引导学生与教师对话，学生与学生对话，学生与教材对话；还善于巧妙地点拨和适时地追问，让学生获得深入探讨问题的能力；又能以合作者的平等身份对学习内容进行必需的补充和深化，对学习效果做出客观评价，而绝不仅仅只是学生意见的欣赏者和所学知识的简单总结者。

有效合作的评价

评价是合作的导航仪、矫正器,没有合理的评价,合作就很难开展。在实际操作中,我们应该采用多样化的评价和激励方式。

力争评价多元化。评价形式上有形成性评价和终结性评价相结合、个别评价和团队评价相结合、自我评价和小组评价相结合等。内容上包括参与情况、合作效果、创新精神、质疑探究以及平时表现、检测成绩等。

融入比赛激励法。注重课堂即时性评价,合作学习融入竞赛,通常采用课前自学、课堂开展小组交流比赛、"互问互答"挑战赛等形式开展合作学习。对于各组的情况,根据表现分别予以加分展现,教师书写在黑板左边,由课代表记下作为"周周清"评定的参考分。

强调形成性评价。描画神奇曲线,公平地呈现学生的发展过程,营造比赛氛围。建议实行周周清,每周算出小组平均分,并用坐标图的形式展现出来。这种方法能直观地反映小组的学习情况,增强小组凝聚力,促进组内互相帮助,营造组间良性竞争,让合作学习延续到课外。

捆绑评价强团队。这个评价开展的是小组之间的"捆绑"评比,小组内成员能团结互助,组长成了督促组员学习的得力干将,组员的优势也能弥补组长的不足。

自评互评突主体。合作效果如何,学生最有发言权。教师应该鼓励学生进行小组评价和自我评价,可以从合作的内容、态度、创新、探究、效果等方面设计学生小组自评和互评的表格,定期进行评价,让他们在自评和互评中总结成长。

课堂展示的三重境界

美国现代心理学家布鲁纳说:"学习最好的刺激乃是对学习材料发生兴趣。"学生有了学习兴趣就会产生强烈的求知欲。诱发学习兴趣的方法多种多样,创设机会让学生参与教学、表现自我,就是其中的有效方法。正如苏霍姆林斯基所说:"让学生体验到一种自己亲身参与掌握知识的情感,乃是唤醒青少年特有的对知识的兴趣的重要条件。"

学生的课堂展示是角色课堂的重要环节,是学生自主学习的动力源泉,是学生实现自我表现的重要途径,是学生获得成就感的重要平台,是评价角色课堂是否成功的重要标准。因此,课堂上学生参与展示积极性的高低,参与课堂展示人次的多少,课堂展示是否充分合理,展示方式是否适宜,就值得研究揣摩。

如果用诗句来划分角色展示的三重境界就是:眼高手低,纸上得来终觉浅;舌战群儒,腹有诗书气自华;鼓脑争头,笔泻银河才有余。

眼高手低:纸上得来终觉浅

学生积极参与课堂展示既是一种良好习惯,也是一种学习能力,还促进学生个性的张扬,知识领悟的分享。在角色课堂探究中,通过学生自学、对学、群学，培养学生的自主、合作、探究、交流的学习习惯，角色课堂给学生提供充分展示的时间和空间，以参与求体验，入角色求新知。通过树立榜样、表扬积极、鞭策后进、小组评价等多种方式来调动学生参与课堂展示的积极性。只有让每个学生都参与到展示等学习活动中去，才能使学生在课堂上由"要我学"变为"我要学"，由"厌学"到"想学"、"能学"，进而"会学"最终"学会"。

课前任课教师根据教材的内容进行集体备课，编写出本节课的导学案，导学案中有本节课的学习目标、重难点、知识结构、达标练习题等内容。老师要根据不同的内容整合出不同的导学案，强调知识的系统化，主要通过问题导航，从角色的切入开始探究，主要是让学生交流预习情况、明确本节课的学习目标。导学案只供观摩不准涂写，此阶段以自学、对学为主。目的是初步落实双基，掌握知识，应付考试。

初始学习，学生会有"老虎吃天无从下口"的感觉，简单涉猎，又容易产生"眼高手低浅尝辄止"的遗憾。"古人学问无遗力，少壮功夫老始成。纸上得来终觉浅，绝知此事要躬行。"无浅难以入深，知难方思勇进。赋诗助兴：

　　　　纸上得来终觉浅，课堂展示印始深。
　　　　预习能把提纲领，反馈还宜巩固跟。
　　　　愚脑因循沿旧路，高足顺势探新门。
　　　　巧移角色寻捷径，囊括知识做贵人。

舌战群儒：腹有诗书气自华

课堂展示根据不同的内容可以采用板书、朗读、背诵、讲解等形式，随着角色课堂日臻成熟，学生的课堂展示形式也不断创新，在保留传统的展示方式基础上，还可以让学生八仙过海各显神通，小品、辩论、话剧、演讲、漫画、书信、板图、书法……不拘一格，随心所欲。个人展示，两人、三人甚至全组整体展示，必答、抢答、选答，因势利导，适合就好。只要充分尊重学生个体的差异性、层次性，增强参与展示的趣味性、娱乐性，就可以让教室成为"知识的超市，生命的狂欢"。

　　这种展示以导学案为依托，采取脱离课本的方式，强化和巩固这节课的知识点和考点，让学生对所学的知识有一个基本的框架体系，根据导学案设计的知识点可以要求学生小组个别展示或整体展示。展示的过程也是一个巩固的过程，教师要抓住学生乐于表现的心理特征，给学生机会展示，同时引导其他学生注意聆听展示的内容，纠正展示同学的错误，展示同学改正后让其他同学再次进行评价和纠正，直到无疑问，最终教师对优秀的给予肯定和表扬。也可以根据问题的难易程度点名让学生展示所学知识，发现不易掌握或学生没有掌握的知识作适时的讲解。此环节尽量让学生全员参与，注重总结，以便让学生系统地构建知识框架。为保证高效，可以分组合作，教师将本节学习任务平均分到小组内，一般情况下每组只完成其中一项即可，各小组根据组内讨论情况，对自己组的学习任务进行讲解、分析等。

　　展示如果能形成"舌战群儒"的场面，发挥优生的演讲与辩论才能，让学生充分质疑、释疑，就会群情激昂，各得其所。赋诗为证：

课堂角色入学涯，腹有诗书气自华。
得道高谈助绿叶，先知阔论充红花。
争鸣舌战知识晓，议论心思智慧发。
携手共赢享快乐，学习高效惹人夸。

鼓脑争头：笔泻银河才有余

展示的最高境界则是课堂上出现"人人你争我抢，个个争先恐后"的积极主动参与局面。展示的同学准备充分，面向全体；声音洪亮，字正腔圆；体态落落大方，潇洒自如；语言简洁流畅，精炼标准；书写格式规范，过程完整；观点清晰可信，是非分明。并能使用普通话，尽可能用学科语言，尽可能表情丰富。听展者认真倾听，随时准备质疑提问，在补充评价时，积极发现优点，中肯指出不足，有个性化、创新性的观点表露，达到质疑对抗、文本批判、个性解读、创新生成的目的。被点评同学则认真对待他人评价，及时改进。

为调动学生展示的积极性，可以评选课堂参与积极分子，进行表彰鼓励。还可以利用学生的集体荣誉感，制定统一的评分标准，量化考核，根据各组参与人次的多少，参与积极性的高低，参与质量的好坏评选出积极小组。这样，学生不仅要表现自己，更要为小组添分增彩，为集体争得荣誉。培养良好的积极参与氛围，才能让每个人都跃跃欲试。

最高境界的标准就是：课堂是学生自主、自信、张扬个性、和谐发展的舞台，学生通过"展示"把学到的知识加以巩固，灵活运用，真正做到"在展示中学习，在展示中提升，在展示中成功"。此阶段可以搞一些穿插巩固，各小组结合组别展现情况把自己组没能展现的学习任务进行巩固练习，同时，教师以试卷或纸条的形式检查学生对学习任务的掌握情况。赋诗结尾：

墨濡东海水不足，笔泻银河才有余。
鼓脑张扬秀个性，争头豪放踏学途。
和谐高效笼飞鸟，互补提升水入渠。
自主发展走正道，学习快乐享真福。

探究有门，误区莫进

探究是学生了解和认识这个世界的重要途径，探究可以激活学生的思维，让学生享受到求知的愉悦。探究，亦称"发现学习"，"发现"的多少与难易，取决于"问题的探究价值"与"探究的条件、方式和流程"。提出一个能激起学生好奇心的问题是探究学习的关键，给学生创造必要的条件是探究学习的前提，教师的启发引导是探究学习的辅助，学生开动脑筋，独立思考，再按照一定的流程与同学合作则是探究学习的法宝。

探究式学习倡导学生的主动参与，其特点是自主性、实践性、综合性、开放性。然而，在实际教学中，却出现了种种问题……

缺少材料，探究无效

某教师历史课上出示了这样一个探究问题：西安事变捉住蒋介石后，是该杀还是该放？请各小组合作探究。很快有学生发言："当然是该杀了，以前他杀了那么多共产党员，现在是共产党报仇的时候了。"教师发现没有达到预期目的，继续问："难道没有同学认为该放他吗？""为什么放他啊！那不是放虎归山吗？"教师只好说："应该放蒋介石，因为当时……"因为没有合适的材料给学生的探究提供有力的支撑，探究活动只好就此收手。

缺少价值，流于形式

一位老师执教小学二年级语文《纸船和风筝》，在读到"扎风筝"时，有的同学读"zāfēngzhēng"，有的同学读"zhāfēngzhēng"。老师说："到底该怎样读，大家在小组内讨论一下。"小学生能谈出多音字的理论吗？不能。他们只能是盲目地坚持己见或反驳对方，最终还是靠教师告知答案。反之，在探究过程中，如果教师提出的问题指向性太强，或缺少必要的难度，学生达到要求后就会出现动力不足，不愿持续探究的情况。所以教师要根据学情，提出有价值的、开放的问题，让学生去探究。在探究过程中，大问题可以引导方向，小细节能增强体验，大小结合，学生的探究能力就会不断发展。

合作探究，人为割裂

合作是条件，是形式；探究是目的，是内容。因而，从理论上说，任何一种"合作学习"都应该以"探究"为目的，不应将"合作"与"探究"割裂。学生会带着自己的知识储备、生活积累和思维个性，去探究新知，在探究新知过程中的发现、感受、困惑、乐趣等都是学生对事物独特的思考和认识。但这种探究不是一个完整的学习过程，学生还需要在合作性学习过程中互相砥砺，互相提醒，取长补短。《学记》云："独学而无友，则孤陋而寡闻。"学生经过合作性学习之后再回到探究性学习，可以进一步巩固知识，提高能力。

流程不畅，环节缺失

有的老师探究意识不强，传统的讲授仍牢牢控制着课堂；有的老师备课不到位，忽视知识的预设和生成过程；有的老师虽创设了新颖的情境，开展了多彩的活动，但"一招半式"的所谓探究，割裂了"情境——问题——知识"之间的内在联系，忽视了以问题为中心的思维运动。从整体上看，探究活动肤浅，缺少思维深度；问题处理机械，缺少技巧智慧；探究环节散乱，缺少有机整合。针对这些问题，我们应构建以问题为中心的探究型教学流程，努力使教师研究性的教和学生探究性的学"珠联璧合"。

总之，探究有法，但无定法，贵在适宜。沿着预设的路径，朝着既定的目标，最终的"发现"往往索然无味；摸索前进，不期而遇，每每有意外之喜；前者是游公园，后者是探险境。探究有门，引领是路。避开误区，其乐无穷。教师要让学生以一个探索者、发现者的身份投入学习的思维活动中，以求不断体验新感受，获得新知识，开启新思维，引领学生乘着探究学习的翅膀，翱翔在学习的天空。

导学案编制"八项注意"

导学案是高效课堂的"路线图"和"方向盘",好的导学案是课堂高效的保证。在担任《中国教师报·现代课堂周刊》编辑一年多的时间里,我翻阅了数百篇原创导学案,也钻研了许多优秀的导学案范例,逐渐沉淀成一些经验之谈,供一线教师借鉴。

一、谨记功能,勿成题集

导学案通常有六大功能:学生自主学习的路线图;课堂知识结构体系的呈现表;学生课堂展示的小剧本;学生课堂学习的随堂笔记;自我反思小结的知识树;日后复习巩固使用的数据库。导学案中的习题有如下要求:1. 题要精选,量要适中;2. 具有针对性和典型性;3. 难度适中,既面向全体,又关注差异;4. 便于合作交流;5. 注重及时反馈矫正。

二、力戒繁琐,注意留白

一份规范的导学案应包括八个方面的基本内容:学习目标、重点难点、知识链接、学法指导、学习内容、质疑问难、达标检测、学习小结。

栏目要相对固定，又要灵活机动，还要特别注意留白，一是方便学生作解答之用，二是留出思考的空间，让学生自主规划、补充、调整、改动、完善。

三、编写格式，求同存异

导学案的编写必须遵循以下五个基本原则：主体性原则、探究性原则、引导性原则、层次性原则和实用性原则，并且要以学生为本，以"三维目标"的达成为出发点和落脚点。编写导学案，不同的学科、不同的年级、不同的课型，应该有相应的格式。阶段性、小范围内统一了格式，还要避免学生的审美疲劳，不时变换出点花样来，体现创新和精美。

四、预设生成，两皆相宜

一些老师将导入语也写进导学案，这显然不合适，且不说导入需要玄机，单就程序而言，就把课堂"固定"死了，何来灵动与鲜活？还有老师在编写导学案时，唯恐别人不知他的匠心所在，愣是将授课时的"包袱"提前抖落个一干二净。更有甚者，导学案中自问自答，将学生需要探究思考的问题，全变成了死记硬背的条文，这是完全不懂导学案的意义，敷衍凑数。导学案应该"以问拓思，因问造势"，问题的设置，应当由浅入深，由易到难，充分考虑学生基础和认知规律，着力设计开放型问题或有认知冲突的问题，以激发学习兴趣和探究欲望。

五、通用一案，显然不行

导学案是为学生学习服务的，必须从有利于学生学习操作的角度思考创作，要始终把学生放在主体地位，满足不同层次学生的需求，要使优秀生感到挑战，一般学生受到激励，学困生也能尝到成功的喜悦，让每个学生都学有所得，最大限度地调动学生的学习积极性，提高学生的自信心。因此，导学案的设计要有梯度、分层次、可选择，让学生在"最近发展区"自主探究，获取知识。那些僵死、单调、不看对象的导学案，要求全班统一用，显然不行！

六、学法指导，必不可少

导学案中应体现教师必要的指导和要求。如学生自主学习时，教师要明确学哪些内容、用多长时间、达到什么要求，对学生遇到的难题，用什么方法去解决。导学案应逐渐渗透各种方法，如：阅读的技巧、做笔记的方法、小组合作的技巧等。导学案中学习目标设计、疑难问题提示、解题思路、方法、技巧等指导性内容，最好能构成一条明晰的学法线。

七、展示反馈，都要体现

自学、展示、反馈是高效课堂的三部曲。许多导学案的编制，练习有余，展示不足；检测有余，反馈不足。具体表现为，对展示的内容、形式、时间，缺乏计划和引导，对反馈的途径和内容，不能组织有效的回应与矫正。展示与反馈的基本要求是"注重展示，暴露问题；针对反馈，及时矫正"。展示既是学习的形式，又是动力的源泉，展示的重点是知识的构建过程，而不是简单地陈述答案。反馈要追求多维互动，简单的问题对子间解决，稍复杂的问题群学时除掉，真正需要反馈给老师的，是中断的学习线索、无效的知识链接和迷失的突击方法。

八、学生自编，终极追求

导学案的真正意义是把课堂还给学生，为此，设计导学案要做到——"四化"：知识问题化、问题层次化、层次梯次化、梯次渐进化；"五让"：教材让学生自读，知识让学生探索，问题让学生解决，结论让学生概括，体系让学生构建。导学案设计的终极追求则是，学生自己能自编、自展、自学、自测、自评、自善。

重视学生的生活体验

人民教育家陶行知先生的"生活教育理论"认为:生活即教育,教育要通过生活才能发出力量而成为真正的教育。陶先生给生活的确切定义:"生活教育是生活所原有,生活所自营,生活所必需的教育。"生活即教育包含三方面含义:一是我们所过的生活及生活所必需的一切东西,便是我们的教育内容。二是生活与教育必须一致,否则就不能起到教育的作用。三是教育不能脱离生活,必须与生活相联系,甚至必须与生活打成一片。

角色理论倡导课程要面向生活,将生活引入课堂,让学习回归生活。一句话,教师要营造生活化学习环境,以利角色化入境学习。在生活中体验,在需要中求知,在角色中创新。

没有体验就没有学习

苏霍姆林斯基说过:"如果教师不想方设法使学生进入情绪高昂和智力振奋的状态,就急于传授知识,那么这种知识只能使人产生冷漠的态度,而不动感情的脑力劳动就回带来疲倦。"只有让教学走生活化的道路,紧密联系生活实践,才能使封闭的书本文化积累过程转变为开放的、活生生的、与社会生活紧密相连的自我发展过程,这既是学生认识与能力发展完整性的必然要求，也是学生获得全面发展的必经之路。知识源于生活，又运用于生活，因此，教学中要结合教学内容给学生创设和提供适宜的生活情境，引导学生利用自己的生活经验来学习新知。这样，学生会感到亲切、自然、有趣，认识到身边就有许多学习问题，使学生的学习变成一种自我需要，从而唤起学生主动参与学习的兴趣和热情。

学生通过自身的参与或实践建立起的知识体系是牢固的，印象是深刻的。体验是一种正在进行时的经历，而体验结果的固定化或结构化就是"经验"。实践表明引导学生在体验生活中进行学习是非常重要的。现实世界是学科知识的来源，我们应当把生活实践当作学生认知水平发展的活水，把学习与生活实践紧密"链接"起来，让学生在学习与生活实践的"交互"中获得直观经验，进而感悟延伸触类旁通。学习之果不能嫁接在生活体验的大树上，就会成为无源之水，无本之木。

学习的外延与生活相等

生活是知识的源泉，丰富多彩的生活世界是教材内容取之不尽用之不竭的源泉。只有植根于生活世界，并为生活世界服务的课堂才是具有强烈生命力的课堂。这就要求教师将教学目标转化为学生的内在需要，让学生在生活中学习，在学习中更好地生活。长期以来，课堂教学受"应试"的束缚，教学内容局限于书本，课堂没有融合鲜活丰富的社会生活，造成教学内容的单调乏味，学生也由此失去了体验的乐趣。新课标强调教学要以课堂教学为轴心，向学生生活的各个领域开拓延展，全方位地把学生的学习同他们的学校生活、家庭生活和社会生活有机结合起来。

教学离不开生活，生活时时处处皆学问，生活是一本很好的教科书。在教学时，教师应尽量寻找生活中与学科教学的结合点，让生活成为学生学习的辅助教材。以语文为例,《语文课程标准》明确指出:"语文课程应植根于现实。"要求教师指导学生在生活中学语文、用语文,把语文学习的背景扩大到学生存在的整个生活世界。语文学习和生活息息相通,天然联系在一起。正如语文大师吕叔湘先生说的"语文跟别的课不同,学生随时随地都有学语文的机会"。在教学实践中,教师要让语文教学走向广阔的生活天地,让学生在充满生命力的语文教学中享受学习的乐趣。

让学习发生在学生身上

《中国教师报》课改专家李炳亭先生在讲解高效课堂时强调:让学习发生在学生身上。在教学实践中,我们经常会碰到一些尴尬的局面。一篇文情并茂的课文,教师以饱满的热情进行教学,既没有忽视学生的主体地位,也没缺少读的训练,学生就是不能被课文的思想内容所感染,始终处于似懂非懂、似悟非悟的状态,学习效果很不理想。文章中人物的品质并非不够高尚,行为并非不够感人,一堂课上下来,教师自认为入文入情入境入理,学生却一脸茫然,尤其是一些离学生生活距离较远的课文,即使教师做了相关背景的介绍,也收效甚微。其实,之所以出现这种情况,根本原因在于教师没能架起文章中反映的生活与学生实际生活相互联系和沟通的桥梁,使得文本的内容和情感得不到学生的认可,无法产生共鸣。在引导理解和感悟时注重生活体验,就是要通过教师创造性的教学活动使课文的语言文字、思想内容与学生的生活、思想、经验等沟通、融合,从而促进学生对文本的理解、感悟,并使阅读成为学生的内在需要,激发起学生的学习热情和探索欲望。

阅读是学生的个性化行为,不应以教师的分析来代替学生的阅读实践。应让学生在主动积极的思维和情感活动中,加深理解和体验,有所感悟和思考,受到情感熏陶,获得思想启迪,享受审美乐趣。要珍视学生独特的感受、体验和理解。教师要善于调动学生与文本相关的情感体验，架设起情感沟通的桥梁。文本中所表达的思想、蕴涵的情理、人物的情感等大多都能从学生的实际上中找到相关的体验。《"精彩极了"和"糟糕透了"》中，一句"精彩极了"给"我"带来的巨大满足和无比自信以及对进一步得到赏识的满心期待，一句"糟糕透了"给"我"带来失望、委屈的感受，学生完全可以结合自己的生活体验，真切地体会、想象，从而达到情感的内化。

以数学为例，数学起源于生活又应用于生活，数学课堂教学应该着力体现"小课堂，大社会"的理念，让学生贴近生活去发现数学问题，运用所学的数学知识解决实际问题，培养学生运用知识以及作出决策的能力。有意让学生通过观察、分析、运用、了解数学知识在生活中的实际作用，把数学和学生的生活实际联系起来，可以让学生看到生活中处处充满数学，学生学起来也亲切自然。再者，学生喜欢在实践中学习，在生活中运用，把应用题与生活的问题联系起来，可以使学生积极主动地投入到学习生活中，让学生发现数学就在自己身边，从而提高学生用数学思想来看待实际问题的能力。

感悟与体验的双向迁移

生活是文本的原型和资源，文本是生活的展示和浓缩。生活离开文本，将黯然失色；文本离开生活，将枯燥乏味。学生直接或间接的生活经验制约着学生对文本的理解与情感。学生对文本的理解和感悟只有在生活中得到检验之后，才能真正引起共鸣，被主动吸收和内化。感悟是学生智慧和品格发展的增长点，是学生精神生命拓展的重要方式，是学习的核心部分，但感悟只能由学生自己获得，精神生命的拓展是别人无法替代的。因此，教学必须摒弃那种"填鸭式"，杜绝"将馍嚼碎了硬塞到学生嘴里"的现象，而应该引导学生联系课文情境体味知识，联系生活经历体验知识，联系时代背景体会知识。引导学生把学科知识与生活经验联系起来，与老师的讲授点拨联系起来，与同学的质疑探究联系起来。在广泛的联系中达到融会贯通，自悟自得，并日渐提高学生的悟性，培养学生的灵性。

学习既需要借"体验"去"感悟"，更需要在"感悟"时能自觉入境进而模拟"体验"。只有盘活学生的知识储备，激发学生的求知欲望，再赋予学习明确的实用价值，学生的学习热情才会喷涌。教师在教学中应将知识迁移与学生的生活紧密联系起来，引导学生走进生活，利用生活，服务生活。在实践活动中，既要重视培养学生的动手能力，实际操作能力，又要突出学生的主体性和自主地位，尽可能让学生自己去设计活动和组织活动，自己去评价活动效果。

贴近现实，创设生活情境

学习联系生活如此重要，创设情境就必不可少。情境的创设关键在于情，以情入境，以境导情，情境交融，相辅相成。生活情境的创设可以在导入新课时形成，也可以借学生的问题衍生，目的是把学生的认知系统迅速唤醒，从而提高积极性和学习效率。学生因情境的巧妙刺激，把学习热情激发出来，萌发了学习兴趣，认知系统自然高效运转。

教师要重视生活情境的创设，加强学生生活体验与文本生活的融合。像《春》、《背影》和《火烧云》这类生活气息浓郁的课文，创设情境的方法很多，可以充分发挥多媒体的作用，使学生通过生动形象的画面、场景融入课文所描写的生活之中，有身临其境之感；可以是运用玩一玩、演一演、做一做等活动使学生融入文中生活；可以运用生动形象的教学语言把学生带入课文所描述的情境之中……生活情境的创设要结合文本特点，从学生的实际和需要出发，做到有利于激发学生的阅读欲望，积极调动学生相关的生活经验和积累。作文教学也是如此，只有善于创设情境，提升学生心灵参与程度，让学生真正地自由表达，才有可能让学生抒发真情实感，出现有创意的表达。再以数学为例，通过创设生活情景，引导学生从中发现和提出数学问题，把数学知识与实际生活相联系，让学生感受到数学就在身边，化枯燥的知识为感兴趣的内容，大大地提高了学生的参与度，同时还很自然地形成了数学与生活的链接，为下一步的探究创设了合适的情境。

体验生活，生成表达欲望

学生是学习的主人，把课堂还给学生，把学习的主动权交给学生，为每一个孩子提供展示才华的机会……这些新课改理念，老师们耳熟能详。新课程下的学生不再是教学过程中被动、消极的吸纳者，学生的自主能动性使他们能够在新课程营造的足够宽广的空间中自由翱翔，敢于独立思考、判断、探索、求新。在教学实践中，教师应该允许学生不迷信固有的答案，让学生积极思考、讨论，让他们质疑，畅所欲言，表达自己的见解。

真正的好老师应该鼓励学生以自己喜欢的方式学习，并帮助学生总结个性化的学习经验。只有充分发挥学生自主参与的主动性，让学生以主人的角色进行学习，给学生思想感情以自由，才能调动学生的积极性。调动学习的积极性，还要在体验生活的基础上，激发学生表达的欲望并提供交流展示的舞台。从思维方式上来说，有些人是用"嘴"思维的——只有在"说"的状态中，他的思维才是最活跃、最敏锐的——他可能"说"出从来没有"想"到过的东西。课堂上，教师要给足学生直接与文本对话的时间，让学生经历完整的学习过程，引导学生主动积极地思考和体验；要营造平等对话的课堂氛围，珍视学生独特的感受、体验和理解；要让学生在学习思考中"自得"，充分享受学习带来的满足感、成就感。

第五章
班级管理

　　教育是探索，是启蒙，而不是宣传和灌输；是平等对话与自由交流，而不是指示和命令；是丰富知识，而不是统一思想；是尊重和信任，而不是消极防范。欲使学校德育工作趋于审美化的关键是改变教师与学生只是工作关系的旧观念，而要在此基础上更形成一种全新的关系——审美关系，"以自己的心去发现学生的心，以自己的火去点燃学生的火"。

教师对付学生需要用"兵法"吗

2006年,号称全国三大班主任之一的万玮写的《班主任兵法》风靡教坛,许多老师视如绝技,教条般地在自己的课堂如法炮制——叫好者有之,质疑的声音也很强烈。李镇西对此直言:"班主任需要智慧,需要艺术,需要策略,需要谋划,但不需要'兵法'!千万不要以学生为敌,哪怕是无意识的。"

教师对付学生需要用"兵法"吗?

首先,"对付"一词,就耐人寻味。"对付"的意思是应对、抵挡——师者分明把学生摆在了"对立面"。"兵法"更是骇人——"兵者,诡道也"。我们的教育是需要"山清水秀"还是"波诡云谲"?难道还嫌社会人际关系异化得不够冷酷吗?

教育不是打仗,自然不需要"兵法",为什么《班主任兵法》还受到如此追捧呢?这要从传统的师生关系谈起。"天地君亲师"、"一日为师,终身为父"、"棒棍生孝子,严师出高徒"……瞧瞧!这些耳熟能详的俗语或明或暗地昭示着:师生是不平等的,体罚是为学生好,干什么都要立规矩。尽管随着时代教育的进化,已经将这些"旧话"扫进了历史的垃圾箱,但残存的思想流俗还余威尚存。就像应试教育一样,从名义上,它早死了,而现实呢,应试教育不但活着,还挺有生命力。

应试教育不死,快乐学习无望。有应试就有压制,有对立就难免会有冲突。在冲突面前,"兵法"就派上了用场。于是,许多老师为了"驯服"学生,冒着给学生带来心理障碍的危险"攻心为上";为了成为问题学生的"克星",不惜"引蛇出洞"、"欲擒故纵";为了维护师道尊严,甚至假仁假义地"笑里藏刀"。有些老师迷信"兵法",与其说目的是为了降服学生,更有效地施加影响,不如说是因为"骨子里都藏有深深的管制情结"。磨掉学生的棱角再进行打造,这不是现代教育的做法,恰恰是专制社会奴才培养的模式。

管理,管理,仿佛你不去"管"就没人"理"一样。许多老师之所以热衷于变着花样去制服学生,管制学生,约束学生,根本原因在于没有树立"以生为本"的教育观,把好学生定位于"听话、顺从、分高",而把拥有独立见解、平等意识、个性追求的学生视为另类。这类老师好以自我为中心,高高在上,喜欢发号施令,希望学生都围绕着他的指挥棒转。这类老师的培养观貌似这样:学生的主要任务是学习,学习就该吃苦,就该服从大局,做出些牺牲,凡不唯老师马首是瞻的学生都需要"管教"。

"管教"就需要"兵法","兵法"加强了"对立"。如此恶性循环,制约了教育的健康发展。走出这个怪圈,需要建立新型的师生关系。新型的师生关系到底应该怎么样呢?

先看西方,与欧洲新教育运动同一时期的美国教育,受新教育运动的影响,结合了实用主义思想,形成了美国的"进步主义教育"运动。其代表人物杜威强调教育应该以儿童为中心,并提出了"教育即生活"、"学校即社会"、"从做中学"等核心命题,这也是现代教育开启的标志。国内,陶行知的"生活教育"、陈鹤琴的"活教育"等都曾为重建以人为中心的教育做出创造性的贡献。现在,"以儿童为中心"的现代教育已达成共识:儿童从出生到成长,既有共性又有个性,两者不是对立的;成人应该尊重儿童的本性和兴趣;教育是对儿童身体、心理、智力、能力等各个方面发展的促进。可见，新型的师生关系在人格上是民主平等的，在道德上是相互促进的，在课堂上是以学生为中心的。

"要做一个好的班主任，单纯地使用'兵法'不会有长久的效果，提高自身修养，增加人格魅力才是根本之道。"万玮说这是他做了多年班主任后悟出的道理。"现代教育倡导的民主平等、自由创新以及儿童的视角，不仅是人类文明发展的表现，也是现代社会经济生活的需要。"爱是教育的基础，没有爱就没有教育。但是，爱不能解决教育的一切，教育同样需要智慧和方法。万玮通过反思自己的亲身经历，在阐述教育和管理学生的智慧与方法的同时，也反复强调，不要误读他的"兵法"。

"学生如果不断地受教师干涉，禁止，呵斥，以至于诟骂，结果会变成一种性格上很复杂的可怜虫。"哲学家罗素认为这种教育只能培养出双重性格的人，即"对在上的人要服从，要怯懦，对在下的人不妨擅作威福，而蛮不讲理"。教育要想培养健全的人格，就绝不能再"作战"似的，把活生生的人当成兵器去摆布，更不能以"奴化"作手段，以"驯服"为目的，追求所谓的严格管理。只要忽略了作为教育之根本的爱和责任，任何"目中无人"、专门对付学生的歪门邪道，都是"非教育"的，都该受到批判。

在这个呼唤教育回归原点，呼唤以人为本与公民教育的伟大变革时代，广大教师需要的不是"兵法"而是"学法"，不是"驯服"而是"服务"，不是"管制"而是"梳理"。教育需要做的是保证孩子快乐健康地成长，启迪智慧和培养生活的能力。在教育理念上，则需要从以教师为中心到以儿童为中心进行转变。

班主任说教技巧

每周一节班会课,班主任免不了要批评一些不良现象,对部分违纪同学进行说教。逆耳之言,如何让学生听得进、记得牢,笔者在十多年的教学实践中揣摩了点体会,就教于方家。

欲抑先扬,美中不足谈遗憾

人都有追求完美的先天欲望。欲抑先扬的手法就是指出其优点,先把学生捧得高高的,然后"啪叽"一松手,让学生在跌落的反差中体会遗憾。有一位班长,学习成绩优异,道德品质良好,管理才能出众,美中不足的就是有点恃才自傲。我在教完《杨修之死》这篇课文后找他谈话:你怎么看杨修这个人?他是怎么死的?懂事的班长好像明白了我的谈话意图,低头不语。这时我语重心长地说道:××啊,我教了这么多年的学,从来未遇到过像你这么有才华的学生。你如此聪明,又这么好学,肯定前途无量。但你却有一个致命的缺点,和杨修一样……千里之堤,毁于蚁穴啊!我可不想让我最欣赏的学生有半点瑕疵……事后证明,这次"话疗"效果显著。

旧话新谈，换种方式效果好

班　训

敬竞净静意不同，×班班训记心中。

自尊自爱敬为先，自立自强竞成龙。

干净添美入仙室，安静凝志出神功。

师长尽心我尽力，不领风骚亦英雄。

尊敬师长，勤奋学习，讲究卫生，保持安静……这些老生常谈枯燥乏味但又不得不谈，怎么办呢？新学期初，我在教室后面的黑板上，用楷体写下四个大大的美术字：敬、竞、净、静。然后给出首联，让学生续诗——这种"新瓶装老酒"的说教方式不仅使常规教育深入扎实，出奇制胜，无形中还培养了学生的文学爱好。

恩威并用，苦口婆心多劝导

严是爱，松是害，恩威并用显手腕。一个好班主任，需要适时显威严，等学生犯了错误再疾声厉色搞批评为时已晚。身体力行垂范，苦口婆心在先，防患于未然，方显管理才干。这就要求师生关系融洽但不能融合，更不能没大没小。调皮的学生无记性，需要磨出耳茧来嘱咐。例如，学生说脏话，我根据不同的场合和对象常用下列语句来劝导：不要说脏话；记住祸从口出；听你刚才的话，好像没刷牙；力的作用是相互的，骂人就等于骂自己；良言一句三冬暖，恶语伤人六月寒；小处不可随便；不许污染空气……

刚柔相济，把握火候击七寸

一把钥匙开一把锁，不同性格的学生要因材施教。嗓门粗大，说话像钢炮，学生不买账；莺声燕语，吴腔呢喃，更压不住阵脚。乐音的动听在于它的抑扬顿挫，同理，师者的口语要求刚柔相济。一般说来，班主任批评学生往往先是暴风骤雨，然后和颜悦色；用行话讲就是"先捶扁，再揉圆"。当然也可以上来拉家常，套口实，引"蛇"出洞，待抓住学生的错误把柄再直击七寸，这时稍加"刚"性就有震撼效果。

创设情境，感同身受吐共鸣

耳听为虚，眼见为实。一百次口头叮咛不如一次现身说法。我曾开过一次"为父母减负"的主题班会，内容无非要求学生体贴父母，回家多做家务，给父母减轻负担。这些话由班主任来说，学生会嫌聒噪。我准备好材料，并请几位家长录音，然后找三五位同学像节目一样编排。那节班会课，我退到了幕后，效果却出奇的好。学生们先是读感恩的文章，再谈父母的辛劳，群情激昂时播放家长的心声，收场时，主持人请我来寄语。我只讲透了一句话——不养儿不知报娘恩——就让学生铭刻在心，还惹得几位女生潸然泪下。这场班会无声胜有声。

随机应变，正话反说是奇招

在学生眼里，班主任是亲不得，恨不得，更惹不得。管理与被管理的双方，一处就是三年，再优秀的班主任也会让学生产生"审美疲劳"。这就要求师者要"善变"，而且要机智灵活。"××同学打扫卫生的效率真高，别人半小时才能完成的任务，他三分钟就干完了。这是一种什么精神呢？这是公而忘私、大干快上的奉献精神，这是一室不屑扫而志在平天下的远大精神，难得啊！"当然，一味地讽刺并不好，但适度的幽默学生乐于接受。一位同学偏科严重，英语很棒，而语文不及格，我当场吟诵了一首打油诗来"取笑"她："语文英语别天壤，厚此薄彼不应当。谁认月儿国外亮，便是数典忘祖腔。"

指桑骂槐，旁敲侧击促警醒

班会课上，忌讳指名道姓批评学生；大众场合，适于旁敲侧击。比如，指责考场作弊，就可笼统地说：要想人不知，除非己莫为，我这收到好多同学举报，我也亲眼侦察到几位同学的丑行，鉴于这是件很丢人的事，我先替你保密，希望你自重。或者给作弊上纲上线，让学生认识到作弊十分羞耻。甚至可以用骂盗贼的口吻，来痛斥作弊，这样自然会达到目的。如果抓住现行就公开处理，容易导致学生破罐子破摔。师生一旦撕破脸面，就无法进行后续管理。"一言兴邦，一言丧国。"就是如此。

欲擒故纵，寓教于乐弄玄虚

偶尔弄点玄虚，往往会歪打正着，让学生乖乖就范。有一次开校会宣讲了《对违纪学生的处罚规定》，事后又让各班在班会课上学习。我知道同学们对这种学习不感兴趣，况且我班又不存在"处罚规定"的现象。于是我拉出一副要认真学习的架势，又突然宣布"课后自学，完了"，乐得同学们掌声四起。等到下班会课时，我故弄玄虚地对同学们说，如果学校检查咱班的制度学习情况，同学们怎么说，学生一愣，我又加重语气问，"学没学？"这时个别同学会意了，大声回应"学了"，我又问"学没学?"这时几乎全体同学都笑着说"学——了——"。我微微一笑,幽幽地说,有兴趣的同学不妨看看,里面有一个病句,两个错别字。这时,同学们笑嘻嘻地蜂拥而上……当然,一般同学是轻易找不出病句和错别字的,但是,找的过程中,我的目的已经达到,而且是在同学们的愉悦中完成的。事后,我又为同学们补了几分钟的语文课,让他们知道,我不骗人。

振聋发聩,高声断喝迷途人

教学有法,但无定法。当班主任有时需要王熙凤式的"粉面含春威不露",有时也需要张翼德的"单骑喝退百万军"。对一些知错犯错,屡教不改的学生有时要突破常规,或引箭待发或惊雷乍起。有一年,一个初三男生迷上了网络游戏,学习成绩一落千丈,几次说教均无悔改。又一次查知后,我酝酿好情绪,琢磨好台词,怒气冲冲地跨进教室,冲到他面前一顿痛批,让他收拾东西滚蛋。学生一看,平时温文尔雅的班主任真发火了,吓得大气也不敢喘。我则扯着嗓门,暴跳如雷。发狠谁敢再去,绝不轻饶!想不到,这次怒火很管用,直至毕业也无人敢犯。

微言大义,春风化雨自觉者

任何技巧,用惯了就不灵。完美的教育应该是"润物细无声"。毕竟行为出格的学生总是少数,对于大多数学生来说,班主任要综合运用心理学、教育学、语言学等知识,因材施教,因势利导。有时,一句巧妙的话语会开启智慧的门扉,一段精彩的演讲能改变学生的灵魂,一次真诚的座谈会化解许多误会。沟通是如此重要,语言是如此奇妙,管理又必不可少,用心去做班主任工作,真好!

班级文化，润"人"细无声

班级文化作为一种教育力量，对学生的健康成长至关重要。所谓"文"，就是共同的价值观念和公认的行为准则；所谓"化"，就是潜移默化地熏陶人，影响人，改变人。蓬生麻中，不扶自直；白沙在涅，与之俱黑。这里的"麻"可以比作好的班级文化，它对"蓬"的影响是多么巨大；相反，如果班级文化搞成了"涅"，那么，对"白沙"的污染又是多么的严重。那么，如何建设好的班级文化呢？

营造文化场，润物细无声

教育无小事，事事能育人。学生天天在教室里学习，墙壁文化就能起到润物细无声的作用。图书角、荣誉展、作品栏，这些摆设看似无关紧要，却能把文化精神渗入到班内每个学生的头脑中。如，黑板辟出两行，每天更新学生有感悟的话，把学生的作品挂在墙上，让每一名学生的精彩都有所体现……要占领学生的视线，营造一种文化场，使学生像公牛看到红布一样，一进教室就兴奋。在见贤思齐中加强修养，在争分夺秒中凝聚力量。

教师放权，学生自治

管理的最高境界在于"无为而治"，若想营造好的班级文化，教师要大胆放权，充分相信学生，培养学生的自我管理能力。只要学生能做的，教师一律放手，"懒娘勤闺女"，往往如此。教育专家崔其升说："老师教学最大的悲哀在于包办。"同理，班级的主体是学生，学生的事就要学生自己来做。班主任事必躬亲，越俎代庖，不但于"班级文化"无补，还将出力不讨好，白做无用功。大力培养班干部，多给学生机会，甚至班会也可以交由学生来组织，鼓励学生承办全校性的赛事，事实证明向学生放权，才是聪明的做法。

制定公约，自主监督

教师放权并不意味着甩手不管，学生自治需要班级公约。"公约"的产生要利用班级论坛，做好问题征集，研究制订方案，最终集体表决通过，让它成为一部"班级大法"，像法官判案的法典一样。"公约"拒绝空话、套话，内容越具体越好。如课堂是否能抢答，展示不参与怎么办，辱骂同学怎么罚等都可以纳入其中。公约要有针对性和可操作性，为此，可以成立监督部门，设立首席执行官，来监督班级公约的执行情况。首席执行的人选建议选责任心强的潜能生来担任，给他们表现的机会，以"法"治班。

班级报纸，家校联动

创办班级报纸。报纸由学生来办，让学生确定主题，查找资料，采、写、编印，可以拉赞助、登广告，这不就是综合性社会实践活动吗？这样做的好处有许多：展示学生才华，针砭班级时弊，宣扬好人好事，记录心得感悟，训练美工编辑能力。办报的最后一个环节是展示，展示也有文章可做。橱窗展示、参加评比，甚至每学期装订成册，让学生有成就感。办的报纸还可以作为联系家校的纽带，让家长看到孩子的变化，增加家长关注的窗口。另外，帮助家长认知儿童的潜能，教师的不包办，家长也不能包办，也要敢于给孩子"还权"。家校联动，多重督促，让班级文化场影响到校外。

多搞活动，不吝奖励

活动是德育的载体，奖励是进步的动力。班里要多搞活动，给学生以展示的舞台。活动并非要全体参加，可以按兴趣分小组；各项活动也不一定都追求规模，因地制宜，适可而止。关键要让学生都动起来，都能找到自己的参与乐趣。每一次的活动都让学生自己设计、组织、管理，教师只是提提建议。注意，孩子的活动中，不要强加成人的意愿和色彩。有活动，就要颁奖，建立阶梯式的奖励制度，设立周评、月评制度。评价项目可以五花八门，比如，创意明星、故事大王、今天我最棒、小小书法家、日有所思奖、月度总冠军……

总之，相信学生，解放学生，给学生以舞台，营造好的班级文化氛围，这种氛围就会正面影响学生，进而形成良性循环。

"三好学生"评选之我见

  学校无小事,事事能育人。惯常的评比最能发挥教育的导向功能,评什么优,树哪些标,这就是旗帜与军号。遗憾的是,很多学校并没有重视评优的作用。北京市某区评三好有项潜规则,初一时评的区级三好往往后两年自动"继承",因为有项政策规定,只有连续三年的"区三好"才有资格评"市三好",为此,班主任在评选时,都会考虑这一点,哪怕这位"仲永"逐年退步,也有可能晋升"市三好",那些初次没有评上的,哪怕有姜子牙之"大器",只要"晚成",照样被拒之"三好"门外。

  至于评比的过程,更是猫腻多多。领导打招呼的孩子要关照,有关系家长的孩子要体贴,真正的好学生还不能让其失望——评"三好学生",也是对班主任综合素养的考验。再说投票,不仅班主任可以在候选人名单上动手脚,现在的学生也会"攻关"了。如果真的民主投票,公开唱票,选出的结果也许令人大跌眼镜。我曾经有一位学生,为了拉票居然拿出上千元请同学客,同学碍于情面,想不被收买都难,这样的评选有何意义呢?

  当然,三好学生还是要评的,但评的方式、评的标准、评的用途,都要求真务实,给学生以真正的引领。比如,评的方式,可以自荐、推荐、投票并举,还可以演讲、辩论、公示,施行一票否决等以保障公平公正。评的标准,首先要看道德品质,最低标准是心理健康、与人为善、团结友爱。其次看全面发展,有没有健康的体魄,有没有锻炼的习惯,是不是热爱劳动。再次,才是学习,对于学习的衡量,不是看最终的结果,而应关注动态生成,看学习的态度、学习的能力、学习的兴趣。那种按分数名次评三好的做法有害无益。评的用途不能一概而论,要区别对待,大评比则大表彰,小鼓励则小张榜。

评选的目的是肯定与鼓励,如果在评选上搞不正之风,对学生的影响是重大的,而且难以消除。在班主任眼里无所谓的小事,在学生心中可能是重似千钧。老师们在社会的污浊中久经浸染,见怪不怪,而学生却在相对单纯的桃花源里,憧憬着美好,期待着公平,他们不能也不该承受弄虚作假与黑白颠倒。对于学生,一次糊弄带来的伤害,抵得过成人十次被蒙骗造成的影响。为人师者,不可大意!

"三好"可以与时俱进吗?可否 N 好?当然可以。传统的"德智体"三方面好,常常无法全面评价。许多地方已经将"体育不合格列为一票否决"。传统的三好因"德"的评价不好量化,而倚重于比较"智",最终造成"唯分数论"的登峰造极,助长了应试教育的猖獗。"N 好"的评比,既可以评"N 项全能",也可以"花开数朵,各表一枝"。总之,适合的评价方法才是最好的,能促进学生健康发展的,才是适合的。

什么样的班主任最受欢迎

火车跑得快,全靠车头带。教育界有句行话:有什么样的班主任就有什么样的班集体。那么,什么样的班主任最受家长和学生欢迎呢?

一、性格讨学生喜爱。亲其师,信其道,和谐的师生关系是传道授业的前提。如果师爱既有父爱的宽厚又有母爱的慈祥,有长者的睿智和端庄,又不乏伙伴的亲切和热情——耳濡目染在这样的师爱中,想不进步都难成。

二、管理上严慈有度。现在的家长多多少少都有溺爱孩子的倾向,娇惯下的独生子女确实需要严格管理。谁能不用厉色让学生心服口服,谁能满面春风却让学生感到威严无比,谁能一视同仁而又因材施教,谁能有令则行无令则止而又不用到处指手画脚,谁才配得上"严师"的称号。一味靠淫威、靠臭脾气、靠冷酷无情,不仅不会出高徒,还会在学生心理上造成伤害。

三、业务是行家里手。学生只有真正佩服班主任,才会打心眼里敬畏。课堂组织得好,专业基础扎实,教学成绩出色,显然会加重班主任在学生乃至家长心目中的筹码——教学能力是提高班主任威信的主渠道。

四、善于和家长沟通。能及时反馈学生的在校表现,并对家教中的一些问题提出指导性意见。能定期组织家长座谈会,对学生的操行评语写得认真、诚恳，注重鼓励，批评能切中要害，并提供解决问题的良方。

五、善做思想工作。一把钥匙开一把锁，哪个学生没有心理上的小疙瘩？班主任要心细如丝，能及时察觉学生的心理变化，快速作出调整反应，防患于未然。

六、指导学习有法。学生的中心任务是学习，班级管理的核心也应是提高学习成绩，这就使得学法指导必不可少。优秀的班主任能指导学生制订科学的学习计划，并督促实施；优秀的班主任还应能根据学生的个别情况支招有针对性的提出建议。

七、真心关爱学生。教师是人类灵魂的工程师，如果一个班主任只是时时盯着班级的分数，处处想着自己的荣誉，那么必然难顾学生的实际，即使取得一定的成绩也是建立在学生的痛苦之上。真正关爱学生的好老师必然会为学生的前途负责，为学生的终身发展负责，自然赢得学生与家长的尊重。

八、不断与时俱进。过去常说，教给学生一碗水，老师要有一桶水；现在纵有一池水，还得是活水，长流水。一个不知"玉米"、不懂"韩寒"、对"网游"深恶痛绝的班主任是不可能走进学生的内心世界的，更不可能和学生打成一片。当然，搞好师生关系不是要一味向学生的迎合和妥协，但与学生存在现实鸿沟必然造成师生心理上的隔阂。所以，一个好班主任要不断学习，洞察学生心理，能掌控学生的发展走向。

九、多才多艺多面。学生不仅要学知识，一些兴趣特长的培养往往与班主任的影响分不开。一个多才多艺的班主任，能让学生钦佩的同时产生比肩的欲望，这种带动是千金难买的启蒙。"多面"则是指一个好班主任要有多副面孔，防止学生产生审美疲劳。

十、桃李胜于雄辩。说一千道一万，考察一个班主任关键一点还要看他培育出的"桃李"，这是最有说服力的评判。学生最终形成的素质，是班主任优秀与否的最重要标准，也是班主任的任务所在。

煞费苦心的操行评语

笔者从教近20年，曾尝试用对联给学生写操行评语，效果甚佳。排名有讲究，措词分褒贬，料知吾生均会意。

翟佳逸
佳人飘逸，学习主动三科靓；
翟氏沉稳，民意测评一票穷。

于 洁
惜时如金，今朝以苦来为乐；
前程似锦，来日化梦会成真。

秦凯璇
突飞猛进，奇迹何人能创造？
高歌凯旋，季军由我来招摇。

周雪晴
尽心尽力，书到用时不恨少；
无怨无悔，事未经过就知难。

吴 昊
口气冲天，金榜题名必能现？
脚印踏地，妙笔生花才可发！

王 祎
画家子弟，挥手就能点江山；
文才门生，闭眼亦可接绣球。

王 然
王者落魄，虎落平川不受欺；
欣然崛起，鹤立蜗居照样飞。

于 源
高高在上，为有源头活水来；
默默而下，恰是眼高手低开。

海 涵
事在人为，海纳百川成其大；
分靠生累，志凭一意存高远。

郑天行
天行健，君子当自强不息；
地势坤，君子以厚德载物。

曹毓峰
革命尚未成功，黑发若知勤学早；
同志仍需努力，白首无悔读书迟。

种梓梁
栋梁生根，开花结果时香飘四野；
壮志凌云，大鹏展翅日名振九霄。

于东正
书山高峻，顽强自有通天路；
学海遥深，勤奋能寻探宝门。

司 旭
潜心凝志，自古风流归志士；

奋发图强，从来事业属良贤。

周紫聪
紫气东来，寒窗苦读灯彻亮；
瑶池西望，天宫垂怜座辉煌。

安思霖
真成熟人，离母照样孤独处；
假学识者，进步即有满足时。

张钰瑶
貌美如花，质洁比琼瑶，却教冰清双泪垂！
学愁似水，绩浊攀李煜，何圆江山一统梦？

贺天昊
打败慵懒，方有出路；
战胜自我，别无选择。

张博雅
附庸风雅，赝金最怕火来炼；
依赖渊博，真情岂惮时漫长。

李雪岚
按部就班，一年之计春为早；
循序渐进，千里征程志在先。

张文宣
凿壁借光，方可有所作为；
悬梁刺股，才能出人头地。

德英臣
德高望重，持身勿使丹心污；
臣微言轻，立志但同鹏羽齐。

梁　岳
梁山好汉，仁德忠义立身久；
一班儒生，学问练习齐家长。

周　楠
早起晚睡，求学路漫漫，知难而上奔前程；
勤学苦练，师生情切切，和谐奋进谱华章。

于照蒙
青春有志须勤奋，莫待老来空回首；
学业启门报苦辛，常需年少恒埋头。

乔昊凡
师生似有前缘，善缘、恶缘，无缘不合；
学习原是宿债，欠债、还债，有债方来。

吕　萌
刮目相看，吕萌吕蒙无差别；
捏耳叮嘱，可怜可恨有不同。

邵雅薇
薇最浓处，茶若醉人何须酒；
雅至淡时，书能香我不需花。

徐　悦
清风徐来，最是书香悦脾性；
好言相劝，恰如墨宝养心房。

刘思南
乐不思蜀，至今遭笑刘阿斗；
人无远虑，最易蒙冤步后尘。

张　蕾
励精图治，勇弃朽木绽春叶；

革故鼎新，誓随花蕾入梦蝶。
王海南
时不我待，花谢春红秋将至；
责无旁贷，名落孙山悔已来。
管政杰
跑酷虽美，不是当务之急；
习文稍差，就临垫底窘况。
梅傲先
谨小慎微，半卷诗书磨岁月；
沉默寡言，一树梅花傲风寒。
杨曦晨
东方已晓，晨曦咋不见朝阳？
西域蒙霜，黑土是故露雪光。

第六章
诗意语文

见字如面到我家,精心盘点奉香茶。
鱼龙混聚耽时事,良莠并存闭话匣。
为免庸文辱慧眼,甘当掮客去泥沙。
倾诚导读引前路,笑数家珍荐敝花。

每课一诗好句集锦

酒肉狐朋因利散,雪梅鹤友为情逢。　　出处：监考时间巧利用
毕生心血当墨碾,奇耻宫刑靠笔抚。　　出处：鸿门宴·写给司马迁
不为虎威生赞叹,却笑黔驴技早穷。　　出处：每课一诗之《黔之驴》
饥肠已让树皮尽,饿肚又期柳叶鲜。　　出处：每课一诗之《柳叶儿》
倘把太阳比一粟,宇宙便有海万里。
　　　　　　　　　　　　　　　　　出处：每课一诗之《宇宙里有些什么》
雪染秀山山妖艳,柳戏绿水水缠绵。
　　　　　　　　　　　　　　　　　出处：每课一诗之《济南的冬天》
令旗乍舞桨齐落,锣鼓连敲水倒流。　　出处：每课一诗之《端午日》
未名湖畔展骄翅,博雅塔前绽豪脸。
　　　　　　　　　　　　　　　　　出处：每课一诗之《十三岁的际遇》
夜海轮船生梦幻,晚风摇篮促睡眠。　　出处：每课一诗之《繁星》
商贾赚钱贪婪笑,教师育栋悠然舒。
　　　　　　　　　　　　　　　　　出处：议论文课外阅读练习十八首
窘迫照常递笑靥,难堪依旧送欢歌。
　　　　　　　　　　　　　　　　　出处：记叙文课外阅读练习十八首
笑纳狂风送洗礼,高呼暴雨泄箴言。　　出处：每课一诗之《海燕》
横槊常忧百姓苦,当歌亦唱露珠怜。　　出处：每课一诗之《龟虽寿》

拜相称王谁有种，来时转运我封侯。　出处：每课一诗之《陈涉世家》
浮萍尚有流水怜，枯根何赖贫壤悯。

　　　　　　　　　　　　　出处：读《我的叔叔于勒》有感
千峰吐秀造仙境，万壑藏云化圣园。

　　　　　　　　　　出处：每课一诗之《飞红滴翠记黄山》
可怜诗圣才八斗，难挽盛唐向离崩。

　　　　　　　　　出处：每课一诗之《茅屋为秋风所破歌》
泥人失手如妪丧，木凳穿鞋似父怜。

　　　　　　　　　　出处：每课一诗之《给我的孩子们》
钢枪紧握防瓦碎，橄榄常伸换玉全。

　　　　　　　　　　出处："苏教版"九年级下册第二单元
假如路顺仕途达，哪有诗仙赋美章。　出处：每课一诗之《行路难》
残忍恨将性命砍，仁慈甘把罪人饶。

　　　　　　　　出处：《威尼斯商人》与《江村小景》（共九首）
天寒负箧足皲裂，地冻抄书手累酸。

　　　　　　　　出处：誓将课文全写遍之《送东阳马生序》
啮雪咽毡掘鼠洞，鄙荣弃贵抱羊鞭。

　　　　　　　　　出处：信手拈来技一绝之《苏武牧羊》
饮鸩止渴弭诽谤，折箭疗伤欺隐瞒。

　　　　　　　出处：随口吟诵惹风骚之《召公谏厉王弭谤》
崇尚白领拜金钱，远离黑土厌农活。　出处：无文不可入韵（九首）
蜉蝣天地渺海沧，清风明月俱声色。　　　出处：赤壁赋等五首
惨相已使肝肠断，流言犹如骨肉分。

　　　　　　　　出处：诗兴大发一气呵成之《纪念刘和珍君》
自古红颜多薄命，从来世美胜香莲。

　　　　　　　　　　　出处：每课一诗之《氓》和《采薇》

曾经欢乐为良伴，又成孤魂吊形影。　　出处：初一语文每课一诗
志在兴汉鹏展翅，乐不思蜀龟缩头。　　出处：每课一诗之《出师表》
爱到无私诚挚时，吃糠咽菜亦满足。
　　　　　　　　　出处：小说散文皆入诗之《麦琪的礼物》
面对困难迎头上，端来噩运细品尝。　　出处：以诗入文，风景独特
才高八斗无骄尚，学富五车有寂沉。
　　　　　　　　　出处：高老头·窦娥冤·张衡传（五首）
浪漫源头旗帜举，离骚阅客步伐坚。
　　　　　　　　　出处：咏诗教古文《屈原列传》五首
正直高洁拒污染，端庄质朴斥妖艳。　　出处：五花八门爱莲说
享受常思忧患生，居安难忘逸豫亡。　　出处：多种文体写高考
难怪独木桥上死，不愿南墙根后生。　　出处：每课一诗之《范进中举》
不历书斋十年冷，哪有美名一夜成。　　出处：冷眼热恋撰稿人

每课一诗集锦

丑小鸭

谁人不似丑小鸭,日夜拼搏为腾达。
磨砺艰辛翅渐硬,遍尝苦痛梦生芽。
真金光彩难埋没,天鹅基因终爆发。
勇往直前闯世界,冷清背后是繁华。

归去来兮辞并序

归去来兮志愿传,厌别官场恋田园。
涉足权宜进无奈,糊口诱因退有缘。
性被官摧徒愤懑,心为形役特羞惭。
如鱼得水享欢畅,倦鸟归林返自然。

龟虽寿

一代枭雄文武兼,诗章伟业史排先。
建安风骨足慷慨,官渡雄功可震天。
横槊常忧百姓苦,当歌亦唱露珠怜。
神龟虽寿有竟时,武帝英名永保全。

岳阳楼记

迁客骚人览物情,多由处境伴催生。
去国悲叹游离苦,入朝祈祷升迁行。
不以物喜先忧虑,常为他悲后欢腾。
宠辱不惊淡泊志,缺乏仁贤谁共鸣?

醉翁亭记

醉翁之意不在酒,山水之间寄喜忧。
随遇而安离宦扰,与民同乐享郊游。
觥筹交错宴酣畅,情景包容文夺筹。
欲知太守有何乐,请问庐陵欧阳修。

陈涉世家

官逼民反苦秦久,涉厌佣耕志满踌。
拜相称王谁有种,来时转运我封侯。
狐鸣篝火造声势,鱼腹丹书添理由。
斩木聚兵张楚立,揭竿起义世家留。

唐雎不辱使命

秦王易地阴谋藏,特派唐雎避灭亡。
据理力争守旧制,针锋相对辩新章。
恫吓秋风扫落叶,告白孤胆斗群狼。
巧言拼命剑出鞘,长跪色挠弱胜强。

隆中对

吟啸隆中比白云,思贤如渴三顾频。

南阳捻指说一统,赤壁涉足据九尊。
度势踌躇志向满,审时远见卓识闻。
如鱼得水刘备悦,携手卧龙定乾坤。

出师表(刘阿斗与孔明)
庸碌无能刘阿斗,衣钵全赖孔明谋。
志在兴汉鹏展翅,乐不思蜀龟缩头。
临表涕零忠心鉴,亲宦信谗弱智流。
英臣纵有擎天力,昏主难免草逢秋。

如此教《雷雨》，天下无二人

高中语文大部分内容都是文言文，学生学得疲惫不堪。第四册第一单元是戏剧，千载难逢地组织学生看了场电影《雷雨》。第二单元正好是八篇宋词，我就分别依照这八篇词谱，给雷雨中的人物填词。特别是第一首"望海潮"由于是突发奇想，在课堂上即兴而作，让学生大开眼界，效果特佳。

望海潮·闻讯看电影代学文言

⊙○○● ○○●● ⊙○●○△ ●●● ○○●● ⊙○

连篇累牍，枯烦乏味，文言自古难学。翻译解词，听说背诵，古今

⊙●○△ ⊙●●○△ ●⊙○●○△ ⊙○○●⊙

通假甄别。题海气喘憋，书山头埋没，其苦难说。放假无期，回家赖梦

●○△

得一歌。

⊙○○●○△ ●○○ ○○●△ ○○●● ○○●● ⊙

头昏脑涨饥渴，忽全席满汉，独味饕餮。拍手跳足，欢天喜地，莘

⊙●○△ ●●●○△ ⊙○○●○△ ⊙●○●● ⊙

莘学子高歌。久旱遇渠河，任醉开胸怀，痛饮狂喝。你看张三闻讯，笑

●●○△

至嘴难合。

定风波·《雷雨》

⊙●○○●△　○○●●○△　⊙●○○○⊙▲

一日风云雷电鸣，万般罪恶眼前呈。家破人亡伦乱性，

⊙▲　○⊙●●○△

报应！凤冲雁难毙周萍。

⊙●○○●▲　⊙▲　○○●●○△　⊙●○○○●▲

悲剧缘何夺数命？反省：阶级对立势难容，矛盾冲突揭把柄。

⊙▲　○○⊙●●○△

绝病，不关血肉不关情。

（其他也都是按谱填词，不再一一对照）

雨霖铃·繁漪怨

闻蝉凄切，心烦意乱，性灵枯竭，度日如年煎熬。容颜渐老，芳心呜咽，楼锁佳人寂寞，盼哉有人恻。困暴狱，情受折磨，死灰复燃谁点火？多情总被无情葱，更何况，稻草没抓着。怹恚周冲吃醋，萍凤会，门外挂锁。雷雨性格鱼死网破！看谁敢，玩弄德性，定让名败裂。

永遇乐·赞周冲

文质彬彬，温情脉脉，热烈奔放。情窦初开，悯怀博爱，做事心坦荡。追求进步，待人平等，白日梦思无量。想的是分出学费阳光大家均享。蓝天碧草，春风拂面，世外桃源舒畅。可叹阶级，难如人愿，美玉遭讥谤。浅尝辄止，低头认命，不敢出言犯上。莫苛怪，淤泥不染，堪称榜样。

念奴娇·周朴园

贵族遗老，控家权，阴险自私毒辣。罪恶根源集散地，压迫剥削欺诈。楼锁繁漪，威逼喝药，手下无不怕。美满体面，天伦自诩融洽。纸窖藏火难长，陈年旧葬，揭隐生尴尬。家具关窗云纪念，原是叶公门下。阳错阴差，轮回报应，兄妹谈婚嫁。大白真相，惨遭雷雨劈打。

声声慢·侍萍

恩恩怨怨，惨惨悲悲，凄凄苦苦哀叹。仆女寄人篱下，承欢留恋，生儿侍夫期盼。转眼间，一刀两断，暴雪夜，赶出门，身后红灯换盖。弱妇幼儿要饭，先后嫁，随它狗鸡辗转。命运轮回，四凤覆辙再现。明明己出骨肉，到头来，乱伦雷弹，命殒丧。看戏剧，惊诧扼腕。

水龙吟·鲁大海

私生襁褓投河，幼时随母尝千苦。正直健壮，如仇疾恶，畏敌赛虎。代表工人，伸张正义，只身斥府。叹团结拆散，束手无策，矿友命，谁轻怨？对立阶级除蠹，掌单鸣，空响深谷。荣华富贵，草菅人命，剥削稳固。拯救中华，追求平等，找寻出路。问苍茫大地，谁能主宰，众生普度。

绝句写作的基本常识

经常看到许多博友唱和,却对古体诗的基本格律都不了解。特选有关"美人黯然抚琴图"的几例唱和,谈谈绝句的写作。

泪·红颜
作者:铿锵玫瑰

独自倚琴泪涟涟,不觉窗外夜风寒。
桃花陨落消红颜,情痛音绝无心弹。

恕俭点评:此诗写得流畅自然,浑然一体,工若天成。只是第三句"桃花陨落消红颜"若改为"桃花陨落红颜瘦",可能效果会好些(个人愚见)。一是第三句不用韵,二是尾字应仄声。

和《泪·红颜》
作者:梅之轩

广寒折桂送红颜,醉卧瑶琴美梦酣。
玉指纤纤音袅袅,痴心遥望夜阑珊。

恕俭点评:梅诗友非常注意平仄,这很难得,现在许多人写诗,不注意这一点，读起来就拗口，而你的平仄非常标准。别看绝句仅四句，可是方寸之内显乾坤，四句也要讲究起承转合。这一点，你做得不够：起句的主角显然是男性（你的初稿更显此意），而承句的主语又成了"画中人"，显然这不是正常的"起"与"承"，仅有关联，但显脱节。起承不具备，转合就失去了根基。按诗意，前两句既然是男人献媚，后边就该是女人取悦，而"阑珊"一词，和此意境背离。虽可解释为遥望而不能即，总觉得搭配不够和谐。

一般说来，绝句的三四两句要紧密关联（一二句可以各自为政），流水对最好。

因第三句"玉指纤纤音袅袅"含两个叠字，第四句多少要有照应。改动的初衷是模糊化处理。可以理解为献殷勤没收到，或"落花有意，流水无情"，或有情人难成眷属，或天各一方，只能遥望……

梅之轩回复：又学了新知识——绝句的一二句流水对最好，绝句的三四句要紧密关联；使用叠字时，上下句要有所照应。按照你的意思，我改末句为"秋波荡荡意绵绵"如何？

恕俭回应：理解有误，绝句的一二句最好对仗，三四句紧密关联，关联的方式当然是流水对最好。举个最简单的例子：生当作人杰，死亦为鬼雄。至今思项羽，不肯过江东。你看三四句，结合得多紧密。再看：折戟沉沙铁未销，自将磨洗认前朝。东风不与周郎便，铜雀春深锁二乔。杜牧的三四句也是因果相承。正因为这样，我在写诗时，"一把瑶琴玉指纤"是"偷窥"的内容（再和）；"吴刚幽会在广寒"是"莫叫醒"的原因（三唱）；"会陪琴瑟供枕眠"是前句"若是"的假设（四吟）；"明月幽幽送水蓝"是难言的"回答"（五问）；"离人苦泪谁擦干"和前句构成泪笑对比，也是变相解释（六叹）；"真实情况问苍天"更是直白，是对"皆附会"的说明（七谈）。

至于绝句的韵律，七言绝句有"平起"和"仄起"两种：

平起

（平）平（仄）仄仄平平（韵），（仄）仄平平仄仄平（韵）。

（仄）仄（平）平平仄仄，（平）平（仄）仄仄平平（韵）。

仄起

（仄）仄（平）平仄仄平（韵），（平）平（仄）仄仄平平（韵）。

（平）平（仄）仄平平仄，（仄）仄平平仄仄平（韵）。

不管是"平起"还是"仄起"，二四句都要用韵。首句可押可不押，但古诗中九成都押韵。括号中的平或仄，要求不是很严格，或者说"一三五不论，二四六分明"。也就是说，每句中的平仄要均衡，要搭配，要相对。还有一点，一二四句要押平声韵，第三句的尾字是仄声。

关于韵部，我没有特别的研究，我通常都是押"通韵"，即只要韵母相同，就算"靠谱"。而严格地讲，"东"与"冬"、"寒"与"删"等，不是一个韵部的，不能算押韵。

附：我回复的七首绝句——

梁恕俭初复

天涯何处有红颜？只羡鸳鸯不羡仙。

琴瑟和鸣相向好，任它冰冻夜阑珊。

再和

谁让红颜慵醉眠？莫非美梦正寻欢。

阑珊夜色偷窥处，一把瑶琴玉指纤。

三唱

香肩玉露伴琴眠，月色氤氲映画栏。

好梦迷人莫叫醒，吴刚幽会在广寒。

四吟
孤灯只影盼缠绵，既羡鸳鸯又羡仙。
若是思人生感动，会陪琴瑟供枕眠。

五问
佳人睡相惹垂怜，瑶琴无计抚香肩。
曲终弦断谁人泣？明月幽幽送水蓝。

六叹
怨女抚琴终断弦，索性微醺露玉肩。
放浪形骸君莫笑，离人苦泪谁擦干？

七谈
红颜垂泪伴琴眠，七嘴八舌话艳谈。
浮想翩翩皆附会，真实情况问苍天。

趣说对联文化

对联的起源

对联是最具民族风格、最能体现汉语特点的文学式样，也是中学语文教学的内容之一。对联作为一种应用文体在近几年的高考试题中多有出现。对对联也是中央电视台春节联欢晚会的热门话题。对联作为我国独有的一种文学形式，历来受到人们的喜爱。无论是名川大山、佛寺道观、还是园林水榭、亭台楼阁、药房酒店，到处都可以看到对联，可以说只要有中国人的地方就有对联。

1932 年，清华大学招生，语文试题是陈寅恪先生编制的，只有两道，一道是作文题，一道就是联对。上联是"孙行者"，要求考生对下联。"孙行者"是小说《西游记》中孙悟空的别名。许多考生见到这样一个"怪题"，大惊失色。为难之余，只好搜肠刮肚地在《西游记》中苦寻答案。于是，有的对"猪八戒"，有的对"沙和尚"，还有的对出了"牛魔王"。更有的考生对此题大为不满，一怒之下写出了"王八蛋"。自然，这些答案只能得"零分"。据说，只有一名考生以答出"胡适之"得了满分，但这并不是标准答案"祖冲之"。阅卷教师认为，"胡适之"虽然比不上"祖冲之"完美，但也说得过去。"胡"、"孙"都是姓氏；"适"、"行"都是动词；"之"、"者"也都是虚词。

试后有人对这种考试方式提出异议,陈寅恪先生解释说:"对对子有益处,可以考出虚实字,懂得平仄声,还可以看出读书之多寡,语藏之贫富,思想之条理。"所以,我们可以这样说,对联是最能看出一个人的智力水平和汉语能力的。"北大之父"蔡元培指出,对联"言简意深,对仗工整,平仄协调,形式短小,文辞精炼,是一种特殊形式的诗,是一种高度概括和集中的文艺形式,是汉语言艺术的集大成者。"艺术大师周汝昌也说,"春联是举世罕有伦比的最伟大、最瑰奇的文艺活动。"

在此,套用红学中的一句俗语表述就是:诸生不识对联趣,纵读诗书也枉然。

相传对联起源于五代时期,当时的人们过年的时候有在门边贴桃符的习俗。桃符是一种画有神像的桃木板,贴这种板被认为有避邪的作用。有一次过年,蜀主孟昶忽发奇想在桃木上题了字。这便是最早的对联:新年纳余庆,佳节号长春。孟昶不仅自己写,还命令下属写,后来这种形式推广了,就演变成了春节贴对联习俗。

春节贴对联,别的节日也可以贴,各种节日有各种名目的对联。例如:办婚事贴的对联叫婚联;为老人祝寿的对联叫寿联;恭贺各类喜事叫贺联;办丧事叫挽联。不同的场合用不同的对联,不能搞错。

以前有这样一位老地主,他粗通文墨而又喜欢附庸风雅。一天,他为母亲祝寿,大开筵席,悬灯结彩。想在门口贴副大红对联,却又舍不得花钱请人撰写,便叫账房先生将常见的"天增日月人增寿,春满乾坤福满门"写出来贴在大门上。账房先生正写时,老地主忽然想起,这是为老母祝寿,应该改得切题才好。于是,让账房先生把上联改为:天增日月妈增寿,老地主看了很得意。不过,上联既然改了,下联也该相应改动才算工整。他又叫账房先生把下联改为:春满乾坤爹满门。账房先生听了,真有点哭笑不得,惊讶地问:"东家,这么改可不行呀!"老地主一本正经地说:"你懂个屁!'爹'对'妈'不是十分工整吗?"

对联并不是某个人一提倡就发展起来,而是有它出现的基础的。在我国的歌谣、谚语、诗文中很早就出现了对偶句,比如:昔我往矣,杨柳依依;今我来思,雨雪霏霏。(《诗经·小雅·采薇》)智者乐水,仁者乐山。(《论语·雍也》)

前面讲对联起源于五代。唐代由于律诗的盛行,门联已比较普遍。宋、元两代是对联的发展时期,明清是对联的繁盛时期。朱元璋采取行政命令,要求家家户户贴春联,对形成春节贴春联的风俗起到极大的推动作用。有一年春节,朱元璋微服出巡,看见交相辉映的春联感到十分高兴。当他行至一户人家,见门上没有春联,便问何故。原来主人是个阉猪的,正愁找不到人写春联。朱元璋当即挥笔写下了"双手撑开生死路,一刀割断是非根"的春联送给了这户人家。14个字,非常精妙,换作其他文学样式,怎么也出不了这样的表达效果。有了皇帝的倡导,文人学士无不把题联作对视为雅事。入清以后,对联曾鼎盛一时,出现了不少脍炙人口的名联佳对。

对联的格律

对联很讲究格律,下面我们看看对联格律的要求。

一、字数相等

上下联字数不限,但必须相等。也有特例,而且妙趣无穷:

祸国殃民的袁世凯死后,有人送去特制大花圈,且附一联:"袁世凯千古,中华民国万岁。"这是对联吗?稍稍有点儿对联知识的人都知道明显不是:上下句字数都不等。但它是被当作对联贴上去的!仔细一看,"千古"对"万岁",很工整呀!唯"袁世凯"对"中华民国"……对了!高超的作者正是运用了这一点——对联中称这种情况为"对不起"或"对不住"。现在一读:哦!是说"袁世凯对不起中华民国"!

二、句式一致

指的是句子的节奏形式。上下联相对的句子，节奏形式应当相当，比如："学问藏今古，文明播东西"上下联都是"二一二"式。再比如：火车失火救火车救火车，这里的节奏是：火车失火/救火车/救/火车。节奏分清了，也就弄清意思了。那么下联的节奏也必须是这样。比如这个：路人迷路/引路人/引/路人。

如果不注意这个，就要失对，比如：花明柳媚春光好，大江南北庆丰收。初看是"四三"结构，但试加剖析则知本对十分不工。因为花明与柳媚各为主谓结构，春光好也是主谓结构，但大江南北则为偏正结构，庆丰收为动宾结构。另外就节奏上看：花明柳媚/春光/好，大江南北/庆/丰收。

这里的句式一致，不仅指语法，还包括句子内部的逻辑关系。比如对联"此木为柴山山出，因火成烟夕夕多"，上下联就有暗藏的联系。

三、词性相当

或者说词类，在上下联对应的位置，应当相同或相近。实词对实词，虚词对虚词。名词对名词，动词对动词，形容词对形容词。简言之，上联的词与下联的词相对，名词对名词，动词对动词。

请看下面的对子，最能体现联对中的字数相等和词类相当。

甲：我说"豆"。（一个字，名词）

乙：我说"油"。（一个字，名词）

甲："两碟豆"。（三个字，数量词和名词）

乙："一瓯油"。（三个字，数量词和名词）

甲：我说的是"林间两蝶斗"。（变了，变成五个字，而且词性也变了，有方位词、数量词和动词。）

乙：我说的是"水上一鸥游"。（也跟着变了，而且词性也跟着变的相应。说明乙是一个非常聪慧的人。）

四、平仄相对

怎么区分上联和下联？上联最后一个字的声调应该是第三声（上声）或第四声（去声），第三声（上声）和第四声（去声）统称为仄声；下联的最后一个字的声调应该是第一声（阴平）或第二声（阳平）。第一声（阴平）和第二声（阳平）统称平声。按习惯，上联贴在大门的右边，下联贴在大门的左边，横批贴在中间。

五、内容相关

对联的上下联内容要密切关联，形成一个有机整体，表达一个主题。不能两联内容不一样，彼此孤立，各自为政，也不能一轻一重，相差悬殊。

我曾在语文课上讲解对联，上联是"南通州北通州南北通州通南北"，这副长联只用了四个字，下联当然还要用四个字，而且位置还要对应。比较好的下联应该是"东当铺西当铺东西当铺当东西"。此时一位聪明又调皮的学生像发现新大陆似的叫道："男学生女学生男女学生生男女。"请问。这位学生对得好不好？虽然他对的格律合要求，都是四个字重复表达一种意思，但是在内容上，只是表达了自己的一些看法，与上联没有什么关系，所以不能说是好的下联。而原来的下联和上联连起来让人想到商业的繁盛。

对联的作用及故事

由于对联有这么多要求，做起来不容易，同时对联又短小精悍很适合在各种场合运用，所以，古代的文人经常把对联当作一种斗才能、斗学问的娱乐工具。例如我们熟悉的苏轼，民间流传了许多他的故事，其中有不少是关于对联的。

一天傍晚，苏轼和好友佛印泛舟长江。佛印是一个和尚。苏轼忽然用手往左岸一指，笑而不语。佛印顺势望去，只见一条黄狗正在啃骨头，马上就明白了。他随将自己手中题有苏东坡诗句的蒲扇抛入水中，这扇子上题有苏东坡诗句。然后两人大笑起来。原来，这是一副哑联。苏轼上联的意思是：狗啃河上（和尚）骨；佛印下联的意思：水流东坡尸（东坡诗）。

　　对对联不仅需要才学，还需要一些机智。像有的人出的对联非常巧妙，专门为难人。有一次，苏东坡奉命接待辽邦派来的使者。辽使有意要难他，便对他说："苏学士乃中原名士，在下有一非常简单的上联，只有五个字，请苏学士属对。"说罢，辽使得意地念道："三光日月星"，苏东坡一听，倒也吓了一跳。因为联语中的数量词，一定要用数量词来对。上联用了个"三"字，下联就应当用"三"以外的其他数目字，而"三光"之下只有三个字，那么，无论你用哪个数目字来对，下面跟的字数，不是多于三，就是少于三。这是副绝对呀！好在苏东坡熟读《诗经》，他略一思索，就在《诗经》里找到了答案。他立即对道：四诗风雅颂。

　　这下联对得真妙。以"四"对"三"，十分妥帖。但如果"四"以下，跟着要提出4个字，那就不能跟"日，月，星"相对。妙就妙在他提出的"四诗"，只有"风，雅，颂"三个名称。原来《诗经》中的"雅"这一部分，又可分"大雅"和"小雅"，所以通称为"四诗"。辽使听了，不禁连连点头，自愧不如，再不敢出联来对了。

　　对联也体现着人的胸襟。有位个体医生贴出了这样一副对联："但愿世间人无病，哪怕架上药生尘。"医者父母心呀！假如每个医生都有如此医德，何来黑心药，假大夫？假如世上都是这样不计个人得失的好人，世界多美好啊！

　　一位饱经沧桑的老学究，留下了一副辛酸的对联："点半盏残灯替诸生改之乎者也；剩一支秃笔为举家谋柴米油盐。"可以说，这是对那些黑暗的时代的血泪控诉！当然，从对联角度讲，这也是一副上等之作。

对联不仅可以写景叙事，言志抒情，还可以以牙还牙，给对手巧妙的攻击。

清代文学家纪晓岚自幼聪颖好学，兴趣甚广。他的私塾老师石先生是个非常古板的老学究，晓岚对他很反感。一天晓岚去喂养家雀，将砖墙挖一深洞，喂饱家雀后便将它送回洞内，堵上砖头，以防飞走。后来，被石先生发现，便把家雀摔死，仍旧送回洞内堵好，并在墙上戏书一联："细羽家禽砖后死"，当晓岚再去喂家雀时，发现它已经死了。心里正在疑惑，忽见墙上有一对联，他断定这是石先生所为，于是续写了下联："粗毛野兽石先生"。石先生见了大为恼火，觉得晓岚不该辱骂老师，于是手势教鞭责问晓岚。只见晓岚从容不迫地解释说，我是按着先生的上联套写的。有"细"必有"粗"，有"羽"必有"毛"，有"家"必有"野"，有"禽"必有"兽"，有"砖"必有"石"，有"后"必有"先"，有"死"必有"生"。所以，我便写了粗毛野兽石先生，如不应这样写，请先生改写一下吧。石先生捻着胡子想了半天，也没有想出满意的下联，最后无可奈何地叹了口气，扔下教鞭，拂袖而去。

还有一则著名的智对对联的例子。十九世纪末，八国联军对我国发动了疯狂的侵略战争，先后占领了天津和北京。腐败的清政府毫无抵御能力，屈膝求和。据说，在"议和"会议开始之前，某国的一位代表，想借机侮辱，于是，他对清政府的代表说："对联，是贵国特有的一种文学形式。现在我出一联，你们如能对上，我给你们磕五个头，如对不上，你们要给我磕头。"在清政府的代表未置可否之时，他脱口念出了上联："琵琶琴瑟八大王，王王在上。"在"琵琶琴瑟"四字上面，共有8个"王"字，用来指代"八国联军"，同时，也用以炫耀征服者不可一世的狂妄气焰。在场的其他帝国主义分子听了，不约而同地发出一阵阵笑。清政府的代表中，有的呆呆地发笑；有的虽然胸有不平，但无词可答；首席代表更是惶恐不安，头晕眼花。这时，只见代表团中的一书记员，投笔而起，铿锵答对："魑魅魍魉四小鬼，鬼鬼犯边。""魑魅魍魉"是传说中能害人的四种妖怪，联语不仅对仗工稳，而且以蔑视的口吻严厉谴责了帝国主义像害人的"小鬼"一样，经常侵犯我国主权的罪行。其他代表听了，心里出了一口气；侵略者们听后，个个愕然肃目；那位挑衅的先生听了，瞠目结舌，不得已向北半蹲半跪地磕了五个头，引起哄堂大笑。

最后举一副对联与大家共勉。这副对联是清代文学家蒲松龄的自勉联。蒲松龄年轻时屡试不第，于是写了这副对联激励自己发愤写作：

有志者，事竟成，破釜沉舟，百二秦关终属楚；
苦心人，天不负，卧薪尝胆，三千越甲足吞吴。

我最得意的几次"导入"

赋诗导入：哪怕打油亦新奇

我在新授史铁生的《合欢树》时，出示幻灯片让学生回顾朱自清《背影》的每课一诗：

> 普普通通一背影，特定环境成美名。
> 赋闲奔丧祸双行，关爱体贴相依命。
> 惜别买桔事虽小，回忆思父泪难停。
> 可怜天下父母心，点点滴滴总关情。

然后用《江城子·项脊轩志》导入新课，让学生根据已学内容分析"更悼娇妻，庭树代红颜"抒发的情感与表现手法：

可惜悲苦胜欣欢，大团圆，各分散，物是人非，想起就心酸。先妣嘘寒犹耳畔，妪重忆，情何堪！

祖母象笏殷期盼，泪遗瞻，愿难全。更悼娇妻，庭树代红颜。三世悲欢轩默看，万般苦，对谁言？

改编歌曲：课堂火爆情难抑

导入：想听老师唱歌吗！（此语一出，学生嗷的一声就叫了起来……）

借用"想起老妈妈，如今在老家"曲调演唱自编《阿长与山海经》歌词：

回忆长妈妈，欲扬先抑压。规矩种种烦，说话切切察。
长毛谈无稽，睡相摆成"大"。饶舌多事余，爽朗热情佳。
福橘虽无理，诚心全为娃。为买《山海经》，娘俩同牵挂。
别人不屑事，阿长费心查。小事见深情，真爱不掺假。
啦啦啦啦啦，啦啦啦啦啦。难怪多年后，鲁迅怀念她。

故弄玄虚：捆绑记忆惹人迷

初次上课，课前一言不发做神秘状，竭尽功力地板书：

袁王刘阳吕三思：金玉良缘何甘甜？
星辰高马张苏豫，于京史月一安琪。

请同学猜测老师的板书意图，并设心有灵犀奖。

随后解释其意：有叫"刘阳"的"袁王"经常（吕＝屡）"三思"：金玉良缘为什么甘甜呢？原来在星辰高挂的月下，骑着"马"的使者"张苏豫"在京城遇到了一个安琪儿。花前月下，金玉良缘，能不甘甜吗！

紧接着引入正题：同学们朝夕相处两年半，彼此非常熟悉，我和大家素昧平生，仅在昨晚看了一晚上的花名册，但我能在最短的时间内默写出全班同学的名单,而同学们呢,猛然间写出这个名单恐怕不那么容易,这是为什么呢?我想借此谈一点学习的方法,"捆绑记忆"……

此次导入效果甚佳,后来有学生在日记中写道:新来的语文老师身高八尺,形貌还算昳丽。用赵本山的话说,是个很有才的人。第一节课,梁老师先写了他的大名,稍做简介,然后得意地对我们说,"能叫出全班同学的名字"。这话一出口,全班就像炸了锅……我也不信一个新老师可以叫出44位同学的名字,这也是我当了九年的学生第一次经历这样的事。然而,梁老师不但准确无误地点了出来,而且记忆方法非常有意思……

一举两得:春风化雨正相宜

设计趣味填诗题:
校园诗人梁恕俭写过一首诗,还差两个字,看谁能补充出来。

怜柳

盼×常恨雪难消,怜×多欢燕易巢。
祈祷东风离缱绻,吹抚大地起红潮。

启发学生:由题目得出第二个空为"柳",再由"恨雪、东风、红潮"得出"春"字,最后板书课题——春(朱自清)。

以退为进:挑逗情绪控心理

按进度,本周该进行一次"自由作文",学生在"命题作文"、"选题作文"、"材料作文"、"话题作文"、"情境作文"的轮番轰炸下,受尽了

"折磨",他们最喜欢写的当然是"自由"。

不过,纵是"自由"作文,学生的写作兴趣也不大。我心生一计,弄起了玄虚。上课就说是作文考试(引起学生重视),又正儿八经地在黑板上写下题目《难忘的儿童节》。底下嘘声一片,有说"难忘××"都写N遍了,有说"儿童节"有啥好写的,连假都没放,快被作业压得不知今夕何夕了!我一看抱怨声四起,装作同情学生的样子说,那好,降低一下难度,说着把"难忘"擦去,换了条横线。有的同学讲价说,老师能不能把"儿童节"去掉,保留"难忘"?我顺水一推舟,慷慨地说,干脆只保留一个"的",两边全是横线,这下好写吧。学生乐得掌声四起,很快进入写作状态。殊不知,我最初的目的就是一次"自由"作文。

这样做的好处是,先把学生推入地狱,再拉他们一把,他们就会有如释重负的感觉,从而知足。如果开始就说自由作文,那么,再稍加一点限制,学生都不乐意。这也算给他们玩了一把"心理战"!

天作之合:用心方能出灵犀

刚学过《小石潭记》、《与朱元思书》两篇古文,恰巧第二天是《渔家傲》与《天净沙》,灵光一闪,天作之合出现了……

天净沙·小石潭记

⊙⊙●●○
青树翠蔓篁竹,

●○○●○
坻石蛇道游鱼,

●●○○●
悄怆凄神寒骨。

◎○⊙●
石潭幽处,

●○○●○
贬官人暂心舒。

渔家傲·与朱元思书

●●○○●▲
写景骈文书美艳,
◎○○●○○▲
风烟俱净独绝岸。
○●○○●●▲
共色天山争峻险,
○◎▲
听与看。
◎○○●○○▲
游鱼美禽惹人羡。

●●○○○●▲
缥碧水清无障眼,
◎○○●○○▲
从流飘荡湍奔箭。
◎●○○●●▲
窥谷望峰不舍返,
○◎▲
值留恋,
◎○◎●○○▲
疏条交映白天暗。

由绝句的起承转合谈写作

初 一学生写了首诗让我修改:"河边杨柳梢,蓬子在垂钓。河边虫鸣叫,悄然不知晓。"我修改为:

垂钓

河边杨柳梢,无钩亦垂钓。

春去浑不知,执着甩细腰。

外一首

河边杨柳梢,垂头思相好。

顾影月西移,悄然不知晓。

显然,修改稿要比原作好,好在哪里呢?好在方寸之间贯穿了"起承转合"……

什么叫起承转合

什么叫起承转合?起承转合是诗文写作结构章法方面的术语。"起"是起因,即文章的开头;"承"是事件的过程;"转"是结果,是转折;"合"是对该事件的议论,是结尾。古诗文写作,一般都讲究起承转合。

所谓"起承转合",实际上是诗词谋篇时对结构层次安排的理论概括。这一点好比建筑房屋,在备齐了各种所需的建筑材料和选择了怎样的房屋式样以后，必须安排房屋的结构层次。写诗也是这样，在占有了素材、确定了主题、选定了诗体以后，紧接着要考虑的是如何开头，如何承转和如何收尾，从而更准确完整地表达作者的心境和主题，这种层次安排概括起来，就是"起、承、转、合"四个环节。

"起承转合"可以说是历代诗人创作的共同体验和经验总结。尤其在绝句中，"起承转合"十分明显。如苏轼的《题西林壁》："横看成岭侧成峰"写从正面和侧面看庐山分别是岭和峰，是全诗"起"；"远近高低各不同"是对观看效果的进一步阐释，算是"承"；而"不识庐山真面目"宕开一笔，视野由观山转移到了探究，这是明显的"转"；"只缘身在此山中"当然是"合"，既是对前句的回答，又是对全诗的收拢。

除了绝句，律诗、词、曲也讲究起承转合。如李清照《如梦令》："昨夜雨疏风骤，浓睡不消残酒"，是"起"，是交代诗人写诗的时间、背景和状态；"试问卷帘人，却道海棠依旧"，是"承"，是承述诗人的状态，取以花喻人之意；"知否，知否"是"转"，是对"海棠依旧"回答的反诘；"应是绿肥红瘦"，是"合"，是对"海棠依旧"回答"错误"的纠正，寓意花与人同瘦，全诗"伤魂"的主题由此更加深化。再如马致远《天净沙·秋思》："枯藤老树昏鸦"，是"起"，是秋况又是昏色的背景交代；"小桥流水人家，古道西风瘦马"，是"承"，是对眼前悲伤景物的继续渲染；"夕阳西下"是"转"，转向诗人"秋思"主题的烘托；末句"断肠人在天涯"，无可非议是伤感主题集中表达的"合"了。

有没有不符合"起承转合"章法的好诗？也有，很少。如杜甫的名篇："两个黄鹂鸣翠柳，一行白鹭上青天。窗含西岭千秋雪，门泊东吴万里船。"此诗对仗虽工，却没有什么"起承转合"，除了写景，没有表达特殊意境，所以，它没题，就叫《绝句》。再如王维的《鹿砦》："空山不见人，但闻人语响。返景入深林，复照青苔上。"起句后的第二句已经不是"承"而是"转"了，而第三句不是"转"反而是承接一、二两句，而最后一句又是承接第三句。所以这首七绝四句的顺序是"起、转、承、承合"(因为最后一句既承接第三句又是结句,谓之"承合")。不按起承转合的古诗约占一两成。

课文中的起承转合

古诗讲究章法,就是讲究诗序的先后,注重诗意的分合,用现在的话讲,就是注重表达的逻辑顺序。起承转合四个部分之间,都有着密切的联系,而每一部分,又都关乎主旨,关乎作者的情感。从章法结构入手,可以与诗人共呼吸,水到渠成地领悟诗人的情感凝结点。掌握了这个规律,既获得了诗歌鉴赏的金钥匙,又为练习写作提供了好章法。

好的文学作品带有下列特征:布局严谨,行文简洁,气韵生动,文采斐然。起承转合在文章中起着小桥梁大格局的作用,它像筋骨一样,使得文章条理清晰、血肉相连、浑然一体。起中有合,合中见起,左右均衡,首尾呼应,承与转兼顾起合,上下勾连,一脉相承。四者之间互相依存,互为作用,有着严密的逻辑,体现着很强的辩证关系。

学习起承转合的章法结构有利于形成严密的逻辑思维能力。柳宗元的《捕蛇者说》堪称起承转合的精品。文章第一段先从蛇的外形、毒性、药性三个方面说明了开篇之句"永州之野产异蛇",并设下了冒死捕蛇的疑问。第二段承接上文交代了一个典型人物——蒋氏。蒋氏悲伤的讲述承接印证充分,更使悬念重生。第三部分,读者接受了蒋氏的理论,也深深地记住了那因赋税之苦而无奈捕蛇的一声叹息。文章在"转"中酣畅淋漓地揭露了封建社会横征暴敛给劳动人民带来的深重灾难,让读者不禁感叹赋税之毒的确重于开篇所写的异蛇之毒。可谓转折跌宕,释疑充分,对比深刻,荡气回肠。文章至此,顺理成章地"合"出结论:"苛政猛于虎也"。"文章行文曲折有致,波澜横生,常常语出意料之外,却又在情理之中。"说理的透彻无需高声呐喊，有时严谨地水到渠成不失为一种策略。读《捕蛇者说》可以领略这样一种行文之美，一种起承转合间顺畅论证的逻辑之美。

学习起承转合的章法结构有利于培养中国人特有的审美情趣。陶渊明的《桃花源记》脍炙人口，那亦真亦幻的朦胧景象定格在中国人的想象里，成为人们向往憧憬的圣地。而要嗅出其中的芬芳就不妨从起承转合的结构中慢慢品味。《桃花源记》的曲折回环，引人入胜能充分体现"起承转合"的行文妙处，它将审美境界层层推开，步步渲染出读者心里所期待的美好景象，又在最引人注目时戛然而止，留下落英缤纷、亦真亦幻之景让人神往。品出其美，亦掌握了审美的步骤。

许多短小精悍的名篇，都可以按起承转合去分析结构。比如，朱自清的《荷塘月色》，开篇写"这几天心里颇不宁静"，"忽然想起走过的荷塘"——这是"起"。于是"我悄悄地披了大衫，带门出去"，欣赏恬静幽美朦胧的荷塘月色——这是"承"。接下来，作者笔锋一"转"，"忽然想起采莲的事来了，这令我到底惦着江南了"。最后，文章巧妙一"合"："这样想着，一抬头，不觉已是自己的门前；轻轻地推门进去，什么声息也没有，妻已睡熟好久了。"

怎样来起承转合

元朝范德玑《诗格》："作诗有四法：起要平直，承要舂容，转要变化，合要渊永。"以律诗为例，首联、颔联、颈联、尾联，恰好对应起承转合四部。王世贞说："今人作律诗，多着意于中间四句，此大谬不然也。第一要起得妙，起处得力，则下处全不费力矣。第二要结得好，结处生动，则上面亦自然灵动矣。"

一段话中有时起中有承，承中有转，转中已合。这要看如何运用词语来达到要表达的效果了。比如《想家》：雨敲窗棂（起），敲碎了单薄的灯影（承），却敲不碎妈妈的叮咛（转），灯熄了，被窝里上演起回家的梦（合）……

段如此，篇亦如此。"起"是开头，好的开头往往能起到承题启下、统领全篇的作用。开头的形式多种多样，归纳起来大致有直入式、陈述式、衬托式和设问式几种。无奈哪种形式，要追求"平直"，忌讳拖泥带水，更不能风马牛不相及，顾左右而言他。"承"就是承接连贯的意思。它在诗文中起着桥梁纽带作用，贯穿于始终，即句与句之间要承，段与段之间也要承。要想承接好，就要注意过渡衔接，按照一定的顺序，遵循认知规律，推动情节发展。"转"是转折，文本高潮之处。在记叙文中，事件突然向相反方面变化，呈现出情节的跌宕起伏，将感情推向高潮。在议论文中，为了把道理论证得全面完整，这里转为反面论证，从而证明论点的正确。文人看山不喜平，好文章往往一波三折。"转"要注意不能脱离主题，而要服务于主题，形象点说，就是不要"刀断式"转，而要"藕断式"转。否则，就会脱节，造成"跑题"。"合"就是整合总结的意思，合是突出主题、深化意境、晓谕事理的至关重要环节。记叙文中，结尾要提升概括，彰显主旨，升华主题。在议论文中，结尾要与开头形成照应，重申文章论点，使结构完整，增强文章的逻辑性和说服力。"合"的表现形式多种多样，大致有概括式、抒情式、理喻式和设问式等。

总之，"起承转合"是诗文写作中互为依存的有机结合体，无好起，则无好下文；不紧承，则显散乱；不转折，则显平淡；不整合，则无意境。

实例剖析

道理讲完了,再回过头来看开篇那两个"修改稿"。(按:本文的写作也想套用起承转合,看看这节像不像"合"?)《垂钓》中,"河边杨柳梢"是"起","无钩亦垂钓"承接得非常巧妙,"春去浑不知"这一"转",不仅春光乍泄,还揉入了拟人色彩,颇显灵性,而"执着甩细腰"更是"合"得好——"细腰"照应了"柳梢","执着"勾连了"浑不知",尾句将全诗包了个严严实实,结构浑然一体,品来妙趣无穷。再看《外一首》中"垂头思相好"的承上启下,几乎是天然生成,"顾影月西移,悄然不知晓"的"转合",更是出乎意料又在情理之中,珠联璧合,精彩纷呈。而原诗同样 20 个字,却不具备这种美感:"河边杨柳梢,蓬子在垂钓。河边虫鸣叫,悄然不知晓。"原因就是,起承转合不明晰,甚至关系错乱。

敝帚自珍,分析自己的作品不令人信服,来看贺知章的《回乡偶书》:"少小离家老大回,乡音无改鬓毛衰。儿童相见不相识,笑问客从何处来。"试想,如果第三联不"转",而来句"熟河陌路家门换",继续"承",那么那种"人生易老,世事沧桑"的感慨还能抒发出来吗?原诗一二句尚属平平,三四句却似峰回路转,别有境界。后两句的妙处在于背面敷粉,了无痕迹,虽写哀情,却借欢乐场面表现,虽为写己,却从儿童一面翻出。而所写儿童问话的场面又极富于生活的情趣,即使我们不为诗人久客伤老之情所感染,却也不能不被这一饶有趣味的生活场景所打动。

再赏析王昌龄的《闺怨》:"闺中少妇不知愁,春日凝妆上翠楼。忽见陌头杨柳色,悔教夫婿觅封侯。"此诗别致,写相思之情却从"不知愁"导入,便与后两句之忽然悔悟形成鲜明对照。这符合前文所说的

"上下勾连",再看它的"转合",一个"忽"字,转折的意味非常鲜明,而那个"悔"字既是"见"的照应,又是全诗的包容。难怪清人俞樾评此诗曰:"以无情言情则情出,以无意写意则意真。"

没有比较就没有鉴别,还是以学生习作来剖析。十年前,初一学生习作《电话》:"小电话,红灿灿,手里捧着红月牙。遇到急事不用急,手按肚皮拿月牙。"我修改为"两耳弯弯似月牙,肚子扁扁连万家。牛郎织女说相思,无须再等鹊桥搭。"原诗的缺陷自不必说,只品"转合"的妙处:"牛郎织女说相思"这一"转"可谓转到了"天上",但没脱离那个"说"字,这就保证了主题的统一,"无须再等鹊桥搭"这一"合",也是合得机巧,既回答了设问,又道出了"电话"的作用,可谓张弛有度,形散而神聚。

当然,"起承转合"仅是写作手法的一种,如果过分讲究,也无大益。"情动于中而形于言,言之不足,故嗟叹之,嗟叹之不足,故咏歌之。"真正好的写作依然是"行于所当行,止于所当止",不拘一格,只唯时宜。

我对作文的理解与阐释

　　命题作文、话题作文、材料作文、联想作文、观察作文、满分作文……这些词组想必大家并不陌生，可您听说过角色作文、范式作文、发散思维式作文、黄金格作文法、"一事分割式"作文写作法吗？笔者有幸结识了一位资深作文教学专家，他主持的国家级课题——创新作文，影响甚广。听到他介绍上述作文的新名词，不禁想谈谈自己对作文的认识与看法。

作文是什么

　　写作是什么？写作是得意时狂喊的那声"耶"，是疼痛时呻吟的那个"唉哟"，是看到"人咬狗"后情不自禁向别人奇称，是经历挫折后闭门在纸上用笔反思。写作是捕捉吹过脸颊的那一缕微风，写作是寻找那条直抵心灵的路径，写作是空谷幽兰散发的清香，写作是孔雀开屏展现的自信。写作是做自己最好的朋友，珍藏自己的喜悦与忧伤，写作是表达与交流，维系朋友间的友谊与关爱，写作是反思、总结、整理，写作是欣赏、原谅、鼓励，写作是分享、酝酿、升华。

　　巴金曾这样反思：人为什么需要文学？需要它来扫除我们心灵中的垃圾，需要它给我们带来希望、带来勇气、带来力量。我为什么需要文学？我想用它来改变我的生活，改变我的环境，改变我的精神世界。我五十几年的文学生活可以说明：我不曾玩弄人生，不曾装饰人生，也不曾美化人生，我是在作品中生活，在作品中奋斗。

我的小标题是"作文"是什么，而第一段的关键词变成了"写作"，引用巴金的名言又是谈"文学"，是"跑题"了吗？其实不然。我想这样阐述"写作、作文、文学"三者之间的关系：人际交往中都有沟通、表达、汇报、传说等需要，这就像病痛要呻吟，快感要呼喊，奇遇想叙说，冤屈想倾诉一样。写作就是这种实际需要的自然表达，日记、书信、游记、论文、总结、博客……只要是动笔留字，都可以称之为写作。比如学生王凤伦写了首《清洁工》：

清洁工

每天早晨早起床，夏天顶着红太阳。
冬天下雪无处藏，为了人民的健康。
不惜自己帮人忙，他们精神实在强。

有感于王凤伦诗，我也作一首，用来比较引导：

清洁工

别人酣睡他起床，默默无闻奉献忙。
扫去青春亦无悔，留下洁净迎朝阳。

我引导学生对比分析表达效果，交代了写作的"起承转合"，指出后者即可称之为"文学"。"写作"到"文学"之间的差距，就是我们常说的"文采"。那什么是"作文"呢？作文就是带有严格要求的"写作"，目的是考察你的"文采"。作文是有血有肉、有真实内容和情感的事。我们看到了什么，听到了什么，想到了什么，想把它告诉别人，口头上说，便是说话，用笔写下便是作文。作文就是思想和语言的结合，是表达与交流的基本技能，是提炼与传播的基础。

为什么要作文

明白了"作文是什么"就不难理解"为什么要作文"。首先，这是一种艺术活动，它为人类所独有。其次，"我思故我在"，作文是自我确定的一种形式，是个体对生命的探索与追问。第三，写作是一种娱乐，那些文人墨客的诗词唱和，那些咬文嚼字的灯谜对联，不是很高雅的游戏吗？

"文章千古事"，在历史长河中，一个人的生命转瞬即逝，而一篇好的文章却能千古流芳。即使不想"立功立德立言"，也不想"文以载道"，但作文却可以像音乐、舞蹈、绘画一样，给心灵以美的愉悦感受，通过构建意境、塑造人物，传达思想感情促人向善、催人奋进。或者通过描绘大自然的风光，让人如临其境，心旷神怡。

怎样训练作文

作文不是无情物，作文的问题从来就不仅是技术的问题，方法的问题，遣词造句、谋篇布局的问题，作文的本质应该是心灵的问题、情感的问题、体验的问题、感受的问题，"爱与恨"的问题。

谈起作文，所谓的行家会脱口而出："要调动学生的生活"，"要引进源头的活水"，"生活是作文之本"，等等，但很少有人静下心来思考：什么才是学生的"生活"？如何真实本能地反映这种生活？可笑的是，刻板的作文教学喜欢抱着政治的大腿硬套那种向上的"生活"，也就是把"生活"集体化、概念化、脸谱化，甚至时代化，唯独看不到个性化，真情化。可以歌功颂德，可以陈词滥调，可以套什么模式按什么法则，就是不喜欢日记式的随感，就是不倡导"我手写我心"，就是不强调人的本能天性。个人的真实生活，表达的本能欲望，就这样非常莫名地成了作文教学的"不可承受之轻"。

著名作家叶永烈在谈写作文的体会时说，写作文的"窍门"就是：多看、多听、多想、多写、多改。鲁迅说，应当时时刻刻身边有一支铅笔和一本草薄，无论到那里，你都要竖起耳朵，睁开眼睛，像哨兵似的警觉，把你所见所闻随时记录下来。茅盾则强调，写完了，狠心地改，不厌烦地改，字要改，句要改，连标点都要改，毫不留情，对自己宽大便是对读者不负责。我觉得，这三位大家的话已经完全道出了作文的真经。

怎样对付考场作文

离开讲台，幽室著书。我最大的感慨就是，"纸上谈兵"真容易！可现实毕竟不是桃花源，考场也不是沙盘推演，没有点真功夫根本无法应付考场作文，应付不了考场，连生存都成问题，哪有"闲谈"的可能。

我虽然反对拆解作文、技术化流水式操作作文，但承认作文确实是有技巧的，训练方法也有捷径。

首先，平时要养成写日记的习惯，记自己熟悉的人，叙自己经历的事，写自己眼前的景，状自己身边的物。用我笔写我语，用我语抒我情。既积累素材，又锻炼文笔。

其次，要有计划有目的地观察自然现象，参与社会生活，体验人生百味。

第三，读写结合，两条腿走路。阅读是理解和吸收语言文字及思想感情，写作则是运用语言文字表达思想感情，即读是吸收，写是输出。阅读和写作是互为因果的两个紧密联系在一起的事物，是不可分割的整体，它们相辅相成，相得益彰。

第四，是我最想说的，作文指导的核心价值不在于学生想写、会写、写得好，而在于唤醒学生的个人记忆、激活学生的个人经验、丰富学生的内心世界、调动学生的词语积累等。为此可以创设情境、提供材料、设计活动、观察现场——切记不要把时间浪费在"指导学生怎么写"上，学生会不会写绝对和10分钟20分钟甚至一节课的"指导"无关。

第五，"相比起措辞、表述，文章的内容更显'水平'，要提高的不是写作基本功，而是写作时'要讲什么'。"一位高考语文评卷作文组负责人如是说，"不要把高考作文想得太复杂！符合题意、中心突出、内容充实，符合这三个基本原则，高分不难！"由此可见，"质"比"术"更重要，很多时候，就是"无招胜有招"。

第六，模仿与改写。还是用一段套话来结尾吧："多角度地观察生活，发现生活的丰富多彩，捕捉事物的特征，力求有创意的表达。""根据表达的中心，选择恰当的表达方式。合理安排内容的先后和详略，条理清楚地表达自己的意思。运用联想和想象，丰富表达的内容。""写记叙文，做到内容具体；写说明文，做到明白清楚；写议论文，做到有理有据。"

多种文体写高考

2010年高考语文监考,见题面灵感来,试作几文以自娱。

考题:

阅读下面的图画材料,根据要求写一篇不少于800字的文章。

要求选准角度,明确立意,自选文体,自拟标题;不要脱离材料内容及含意的范围作文,不要套作,不得抄袭。

(据王铎作品改动)

杂咏：猫说

时来运转，猫命翻天。昔饿猫蹿房跳墙，辗转于鼠洞；今馋猫挑肥拣瘦，徜徉于餐桌。昔贫贱时，鸡不理，鸭不睬，逮不完的老鼠，受不尽的冷眼；今得宠后，男投怀，女送抱，数不完的爱怜，夸不尽的功劳。

然，花无百日红，世常一朝变。大难来时各自飞，谁还顾惜笼中鸟？但只见：苦练逮鼠本性猫，进退自如乐逍遥；贪图吃鱼安逸猫，左右为难竟糟糕。

韩愈似曰：安逸猫常有，而固本者鲜见。呜呼！是谁动了猫的奶酪？只听周星驰戏言：吃鱼本身没有错，讥笑别的猫逮鼠就是你的不对了……

议论：吃鱼莫丢逮鼠功

时代不同了，大棚蔬菜把季节搞乱，天上人间把娱乐搞乱，这不——鱼的供应套餐又将猫的本性搞乱。然而，吃鼠是天赋"猫"权，岂能因时代而变更。

这幅漫画生动形象，发人深省。你看首席那饱食终日洋洋自得者，估计它都忘了自己姓猫不是属狗；另两位大惊小怪者，熟读厚黑学，深谙潜规则，张口一句"都什么年代了，有鱼吃还捉老鼠！"貌似有理，实则大谬，而那个舍鲜鱼而捉臭鼠者，看似迂腐，实则可敬。

诚然，时代不同了，鸟枪换炮，有现成的钢针用再去磨铁杵，确实迂腐。可如果丢了"铁棒磨成针"的精神，躺在"啃老"的温床上坐吃山空，下一顿能否有鱼吃还真是个问题。常言道：吃水莫忘挖井人，我想问问另三只猫，你们吃鱼可否想过吃的是谁的血汗？天下有免费的鱼餐吗!

　　出来混总要还的,那鱼可不是让你白吃的。不管主人出于什么目的给你提供鱼餐,总有秋后算账的时候。再说了,养猫即便不为捉鼠,逗宠物玩乐还是需要体力的,你大腹便便懒得要死,养你啥用?《菜根谭》云:不求非分之福,不贪无故之获。并警示:不是自己所应得的东西,却无缘无故地得到,如果不是上天为考验你而放下的诱饵,就是别人暗算你的陷阱。凭空而来的好处,怎么能不警惕呢?

　　志士不饮盗泉之水,廉者不受嗟来之食。芸芸众猫,居然大吃"诱饵"毫无愧惭,还躺在"陷阱"里讥笑自食其力者,真是滑天下之大稽。

　　居安思危,君子固穷。猫生在世,当思考凭何德何能安身立命。当懒猫把从娘胎里带来的仅存的那点捉鼠技能都丢弃的时候,谁来为你们的后半生操劳?"马"曾说,劳动不仅仅是谋生的手段,还是生活的第一需要。换成猫言,那就是:捉鼠不仅仅是猫类的天职,还是赖以生存的基本技能。连本能都放弃的猫无异于放下武器的士兵,死路一条是自然的结局。

　　其实,猫们完全可以享受着鱼的加餐而承担起吃鼠的正宴。当捉鼠有功时,再心安理得地继承鱼食的嘉奖是多么自然。相反,只顾吃鱼却忘了本行,还讥笑唯一的智者不识时务,真让人可笑又心寒。

记叙:一家猫的天上人间

　　姥姥爱养猫。十多年前,农村老家的石头房子千"窗"百孔,老鼠横行。粮食衣物常被老鼠糟蹋,为除鼠患,开始养猫。所谓养猫,就是把猫饿上两天,往鼠多的屋子一关——鼠少了,猫饱了——就这么简单!

　　后来,姥姥随舅舅进城,住上了现代化楼房。老鼠无处藏身,猫也无了用武之地。可姥姥习惯成自然,又为解寂寞,就依旧养着三四只猫。

姥姥疼孩子般关爱它们，定期洗澡，抱着遛弯，有病还往宠物医院跑。这些猫吃馋了嘴，残汤剩汁不屑一顾，吃鱼还得整条的、新鲜的，否则就叫喊抓挠抗议……幸好舅舅当着工商管理局长，有些商贩不等吃完就会奉上。姥姥一看，不给猫吃也是浪费，干脆，就由着猫儿使性子，反正家里雇着做饭的，横竖不用老人家动手，全家人猫，乐享其成。

唉，好景不长。舅舅因为贪污受贿，东窗事发，花费近百万虽免去牢狱之灾，却落了个"双开"的下场。舅舅从此一贫如洗，也找不到工作。生活质量自然一落千丈，别说喂猫鱼了，就是人吃肉也得限量。保姆雇不起了，做猫食成了负担。姥姥一咬牙，忍痛割爱把猫送给了老家的亲戚。谁知，这些猫到了农村，既不愿捉老鼠，也不想吃粗粮，还喵喵叫着好似在回味昔日的荣华富贵。亲戚待猫可不像姥姥那般怜香惜玉，看不顺眼就是一顿痛打。虎落平川受犬欺，落架凤凰不如鸡。曾经的宠物猫除了捉老鼠解馋，想吃鱼儿比登天还难。可老鼠实在难捉，猫又养尊处优惯了，腰也肥了，爪也钝了，跑不动了……亲戚见这些猫馋吃懒做，老态龙钟，一气之下，全赶出了家门。

舅舅也不适应贫贱的生活，想挣点钱花。可打零工低不下那个头，做搬运出不了那份力，欲加工无技术，想经商少资本，应聘保安人家都嫌老……万般无奈，赊酒浇愁，过着猫都不如的生活。舅舅常后悔，早知如此，安分守法，爱岗敬业，踏踏实实地为人民服务，多好！可惜，身后有余忘缩手，眼前无路想回头，晚矣！

今年春节，去看望姥姥，得知舅舅愧生天地间，无颜见亲戚朋友，遂隐姓埋名，流浪他乡，不知去向……问及那些猫儿，姥姥默默无语，冥冥之中，似有智者在说，人尚如此，猫命何堪，不提也罢。

第七章
笔耕执着

　　写作到底为什么？不为名誉，不求财富，就为做个最好的自己，让时光不虚度，让青春有作为。今番博客的盛行给爱好写作者提供了绝佳的舞台。看到那些妙笔生花者日博一文，更是找到了学习的榜样，而榜样的激励作用是无穷的，在互相争鸣暗中较劲的氛围里，思想的火花便随处迸发，美妙的文章也就应运而生了。

20年目睹之教师节

  我在教育岗位上度过了20个教师节。前事不忘，后事之师，没有比较就没有鉴别。我特意把这20年中诸多方面的感触作一番对比，从中，也许能引发一些同行的共鸣。

师生关系：当年，一入学师者就灌输"天地君亲师"思想，学生也承认"师徒如父子"。当年是越严越亲，今天是越敬越远。师道尊严的反转也将师生关系扭曲得不伦不类。1992年，我带着初一的孩子春游，爬山下河，无所顾忌，也不需要跟谁请示。今天，这样的浪漫想也不敢想。

工资待遇：1991年，我的工资是144.5元。当时，油条3分钱一根，豆腐2毛钱一斤，同事结婚封礼5元即可。1997年，工资涨到700元，彩电、冰箱、洗衣机，结婚这三大件，需要8000元。2001年，因跳槽到股份制学校，工资1500元，学校以1分5的利率吸储，家底倒空凑了不足2万。2003年暑假办辅导班，一个月赚了3000元，感觉像发了笔横财。今天，教师节发再多钱物，感觉仍是空虚。

住房福利：1991年，两人住一间防震棚（不足9个平方），竟有家的感觉。1996年，单位分了一大一小两间房，想住一辈子。1999年，仅花三万元买了套96平方的福利房，还是精装修。2005年，在济南看了套130平方的毛坯房，要价30万元，没买，至今后悔。今天，只祈祷房租别再乱涨，别无他求。至于福利，十年前，要钱无钱，要物无物，却感觉富有保障；今天，存款数字飞涨，却有难言的担忧。

假日休闲：最初，周六上半天，星期天要上晚自习，感觉很轻松。2001年，高中生一个月歇一天，班主任老师早6点到校，晚10点回家，也没感觉特别累。今天，朝九晚五，周末双休，还有那么多法定节假日，却有一份压力挥之不去。十年前，是没有休闲概念的，2000年，学校组织到青岛洗了次海水澡，竟兴奋了整个学期。今天，北京的教师一年两游，去海南或西藏只属中档，新马泰也不能满足。现在想想，单纯也是一笔财富，无知不一定无幸福。在简单的生活中，一切都按部就班，一切都自然而然；没有过多的欲望，也没有失业的担忧；不用（也没有那个意识）找发财的门路，也不畏惧"三座大山"（住房、教育、医疗）。围着柴米油盐，甘愿坐井观天，单位分一间住房就能幸福得晕眩。那不就是陶渊明的田园吗？

道德品质：人心不古，世风日下，学校也不再是一方净土。当年，人穷志不穷，摆阔是要受鄙夷的；今天，有钱就是爷，打肿脸也要充胖子。当年，学雷锋不仅是活动，还是一种自发的需要；今天，谁要做好事，别人会揣测他另有企图。当年，好逸恶劳是可耻的；今天，谁能不劳而获，谁将备受追捧。在笑贫不笑娼的染缸里，师生的道德品质岂一个"滑"字了得。

办公环境：1999年，我用蜡纸刻钢板来给同学们分析成绩。在画表格时，稍不留心，就会划破蜡纸。所有数据，全靠笔算，最难为的就是排名次了，六七十位同学，谁进步了，哪些落后了，要用肉眼观察并排序。今天，用Excel表格，复制粘贴，瞬间即完。2001年，县级电化教学讲课比赛，我做的课件超过了10M，只好抱着主机到处跑（没有U盘）。2004年，我为了建设校园网，购买域名和空间，花了学校上千元，心疼不已。今天，名利都远超预期，却无端地怀想逝去的岁月。

精神状态：当年的思想很单纯，满眼是好人，看不到贪官污吏，不关注国计民生，自己的天空很晴朗，就认为普天下都晒着太阳。为了追求理想，吃糠咽菜照样意气风发。今天，接触了互联网，眼界亦开阔，思想日渐复杂。当年的丑事并不少，只是在单一宣传的笼罩下，眼前是不变的风景，耳里是永恒的歌声，官方舆论屏蔽了许多画面、杂音，我们近乎被"格式化"，很少独立思考问题。即使思考，也仅在脑子里囫囵吞枣、不求甚解；现在不同了，互联网的发展，解放了人的思想，激发了明理的欲望，也将自我表达推向了前台。可惜，眼见心烦——看得多了，想有个好心情，除非是二百五。

那年那月那诗箱

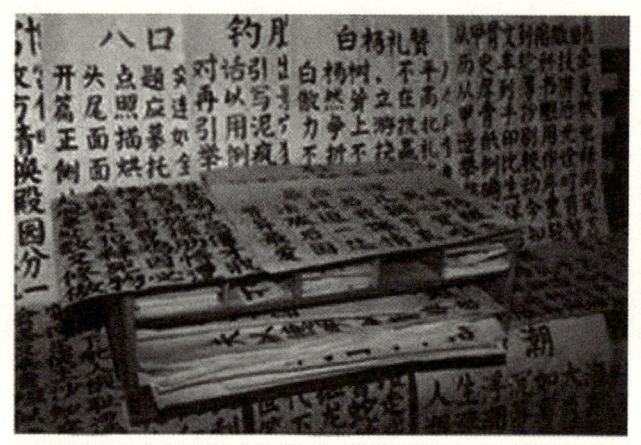

这张照片是什么时间拍的,已记不清了,但我记得这个诗箱是在"城关"(郯城二中初中部)时做的,花了50元钱,很不实用,最终遗弃在"美澳"(郯城美澳学校)的办公室里。那重达几十斤的"诗",没舍得扔,藏在郯城二中自家的床底下,可惜最终找不到了。

最后一课

普法战后儿离娘,异族迫我换心肠。

最后一课齐觉醒,爱国悲情真难忘。

这是我的处女作。1999年10月，初为语文教师（此前八年是当数学教师和保卫），又是第一次上公开课，我颇费心思——光开场白就想了近一个小时，绞尽脑汁得到了这首小诗。

　　那次随堂听课，我正好讲法国作家都德写的短篇小说《最后一课》的第二课时。用诗导入，不仅回顾了第一课时学的内容，起到了整体感知的作用，而且这种新颖、巧妙的形式，激发了学生浓厚的兴趣，纷纷发言谈对这首诗的理解：他们从"儿离娘"的形象比喻中，感知沦陷区人民遭奴役的悲惨；从"换心肠"的痛楚想象中，体会到了失去语言犹如摘心换肠般让人难以接受。从而就不难理解"督学、郝叟老头儿、镇长、邮递员，还有些旁的人"为什么"齐觉醒"。在理解、共鸣的基础上再谈"爱国悲情"，自然"难忘"。

　　时隔一周后写的《枣核》，用途，效果大同小异：

枣　核

　　万般如意一点愁，风烛残年思乡幽。
　　后花园里堆北海，小小枣核梦寐求。

　　自此，我诗兴大发，且一发不可收。十年来，共写了多少首，已难以统计，几乎将我教过的每篇课文都写成一诗或多诗。说实话，最初写的诗，不懂平仄，对仗牵强，仅算顺口溜。可我写得兴奋，学生也看着过瘾。敝帚自珍，我买来厚纸，裁成四开或八开，画出方格，用毛笔将诗写上去。还将一些重要字词、成语、对联，也写成条，作为教学用具。写多了，无处存放，我就想要一个诗箱，可以像文件夹似的提来提去，随时抽取利用。我将这一想法找木匠商讨，可惜木匠未懂我意，做了个非常笨重的家伙，无法提着去上课。后来，有了电脑（但教室没有投影设备），我就用打印机，倒也方便了许多。

2002年,我梦寐以求想拥有自己的网页,起因还是这些"每课一诗"。那时,想把两年来写的500多首小诗输入电脑。在进行WPS的页面设置时,怎么弄都别拗,一页打多首吧,题目不好起,每首打一页吧,保存起来又太费事。突然想起了FrontPage,看多了别人精彩纷呈的主页,心里痒痒,于是在自家机子里安装了"东方网页王",一个晚上的突击学习,我竟有点莫名其妙的厌弃——在我心目中那么神秘、高深的网页制作竟如此简单。不过,眼高手低的我几次开工做网页,都因不能得心应手而作罢。后来,又买域名搞论坛,2003年10月,还花360元弄了一年的"如心投稿网",直到2004年12月,我在"池塘边原创文学网"安家,我的"造网"梦才算消停。

还是用我四年前写的一段话来收尾吧:"一路走来,一事无成;教学没教好,业余也无专长。仅剩下把玩文字,感觉还前途渺茫,真痛悔当初不能专一,也遗憾写作未能坚持。而立过三,一切要从头再来,展望中已不敢说豪迈,只求岁月别再蹉跎,只求笔耕有点收获。"

才懂得青春

才懂得青春,是青春将逝的年龄。独立高处看风月,那心情——只有自己能懂。

曾以为,热血能让志达天;曾以为,文采可让笔飞腾。哪想到,而立已过尚中游;哪想到,从从容容才是真。

儿时的风铃还没摇落童年的旧梦,年少的日记还在写作家的憧憬。多少回匹马戍梁州,多少次寄文觅封侯,才懂得,富贵由命,成事在天。

才懂得青春,是青春将逝的年龄。上下求索路纵横,那豪迈——只有自己能懂。

教坛论风流,文笔赋春秋;我手写我心,我笔诉我求。挫折送来素材,泪水滋生理由。饮黄连如甘露,化委屈随清风。我在学海里畅游,我在书山上高歌;我有激情做伴,我无时光蹉跎。人生若此,夫复何求!

勤学的习惯未曾留下遗憾,从教的热情还在诉说着育人的神圣。多少回指点江山改弦易辙,多少次过关斩将败走麦城,才懂得,但求耕耘,莫问收获。

才懂得青春,是青春将逝的年龄。持之以恒为理想,那执着——只有自己能懂。

坚持健身，坚持写作；坚持少取，坚持多舍；坚持读书，坚持教学。无欲无求，无畏无恶；有容有爱，有家有业。

笔耕的收获虽未能填补锦囊的羞涩，丰满的习作却在抛撒机遇的绣球。多少回激扬文字频被转载，多少次一投多中荣登卷首，才懂得，付出就有回报，汗水不会白流。

青春都一晌。忍把浮名，换了浅斟低唱。谨以此纪念过往的三十六度春秋。

有梦还怕夜长吗

袁隆平曾说：我的工作让我常晒太阳、呼吸新鲜的空气，这使我有了个好身体……我梦见我种的水稻长得像高粱那么高，穗子像扫把那么长，颗粒像花生米那么大，我和我的朋友，就坐在稻穗下乘凉。

袁隆平说的这几句话，让人顿生感慨，作为享誉世界的"杂交水稻之父"，竟为能常晒太阳、呼吸新鲜空气而喜不自胜。芸芸众生为名奔波，为利操劳，透支健康去赚钱，背井离乡往大城市里挤，在钢筋水泥里忍受社会的压抑，在阴霾尾气中远离自然的氤氲。相形之下，袁老的梦想，让我们惭愧。

生活到底为什么？没有好身体，富贵岂不如浮云？袁隆平活得简单，却在简单中创造了非凡，我等想得太多，却在欲望中迷失了归路。"人，之所以痛苦，在于追求错误的东西。"如果袁隆平不是喜好到田间地头搞科研，而是坐在办公室里拉关系走后门，他会有今天的成就吗？作为当代最杰出的农业科学家，他不屑虚名，也就避免了唐骏学历门式的烦恼，作为美国科学院外籍院士（一度在国内落选），若是袁隆平贪图官位，他会在尔虞我诈中失去多少单纯的快乐？

为了大地的丰收，袁老执着一念扎根田野，免却了世俗的应酬，练就了硬朗的身骨。为了能在"稻穗下乘凉"，袁老做着别人不敢想象的梦。在造福全人类的事业面前，多少高官富豪在他面前显得渺小。袁老之伟大，不仅在于他在科研上的成就有多少辉煌，我更欣赏他梦想的单纯与豪放。有梦的人永远不会老，美梦的夜晚，谁也不愿醒来。我们若有袁老的美梦，还怕天黑夜长吗？

作为教师，有梦很重要。我们可以仿照袁隆平说，教师的工作让我们浸润书香，环绕童趣，享受纯真，这使我们永葆青春……我们梦见学生知书达理，知恩图报，勤奋好学，乐观向上。教师工作，在灵魂上耕耘，在希望中播种，在含笑中收获。只要有一个学生还厌学，我们的梦就没了结，只要有一天师生有冲突，我们的梦就得继续做。人生如梦，境由心生。谁都可以活在自己的梦想中，用遐想去构建心中的伊甸园。心若在，梦就在；梦如在，心自明。有梦才有好前景。

作为教师，追梦才风流。当职业倦怠袭来，当现实问题困扰，当遇捉襟见肘窘迫时——逃，无可逃；退，无处退。何不躲进"梦中"成一统，管它冬夏与春秋。你清醒，工资不会多发；你精明，职称不会晋升；你放纵，更无人同情。与其让物欲遮住了眼睛，何不痛痛快快全撇清？咱就在课改中陶醉，咱就在转化浪子中造福，咱就在学生的成长中放飞心灵。人活着，总要给自己一个交代——宁学夸父逐日中死去，也不愿在小富即安中苟且。

追梦的老师，永远有事做。做自己喜欢做的事，所有的付出都是享受。课改有那么多需要做的事，这是多么大的享受啊！像袁老那样，视田间地头如皇宫宝殿，视"穗下乘凉"如神仙般逍遥，倘如此，普通老师也有条件"挟飞仙以遨游，抱明月而长终"。有时候，一个华丽的转身，面对的是全新的风景；有时候，换一种眼光看世界，你会发现山重水复处常别有洞天。

追梦，一勤天下无难事。不管你身处何境，不管境遇是否困窘，只要你在勤奋着，那份憧憬足够照亮前程。勤奋的人往往无暇享受，也就忽略了物欲的需求。勤奋的人往往投入专注，所以成功指日可待。人们常为昨天吃过的苦而引以为豪，人们也都为明天将享的福而备受鼓舞。勤奋之人无暇患得患失，他们用实干化解忧虑，用汗水浸泡烦恼，用事实说话，用成绩表白。真正勤奋起来，全身心地投入到追梦中，自得其乐。

单纯，执着，勤奋，这就是袁老梦想给我们的启示。

读书·教学·写博

读书

谈读书,我还真的有点惭愧,应届初中毕业考上"小中专",18岁就站讲台,许多经典名著都没有完整读过。但也正因为先天不足,所以很在意后天弥补。我自认是一个有心人,生活中处处能学语文,凡是有文字的纸片、报纸杂志或者电视、网络、宣传栏、广告牌……都成了我阅读的对象。特别在候车或开会时,如果手头没有点阅读资料,我会非常不安。为了见缝插针地利用时间,我每周都要准备五六张待背的古诗文,巴掌般大小,揣在兜里,以备不时之需。"一日不读书,味同嚼蜡;三日不读书,面目可憎。"黄庭坚这句话正说进了我的心坎。

我读书几乎没有功利思想,就是觉得艺不压身学无止境,多学点东西没有坏处。当然有的时候是教学和写博的需要。不管是有为而读,还是无为而阅,读书让我充实,让我活得有滋味。"腹有诗书气自华",没有书本的滋润,缺少智慧的阳光,人的精神世界就会干枯萎缩,思想底色就暗淡无光。为人师者,本应具有较为深厚的文化底蕴,专业化的理论素养,宽厚仁爱的人文精神,独具魅力的人格品质。这一切无不建立在广泛吸收优秀文化精髓和接受名家大师经典洗礼的基础上。多读一点诸子百家、唐诗宋词,就会多一分高雅的品位,多读一点苏霍姆林斯基、陶行知,就能多把握一分教育的真谛。

教学

在我眼里，教学不是挣钱谋生的好职业，却是值得为之奋斗终生的大事业。教学也不是焦头烂额的苦差事，而是魅力无穷的艺术品。这门艺术像自由女神那样神秘那样诱人，似体育竞技那样紧张那样热烈。这里有旱涝稳丰收的工资保障，这里有地位逐步高的名声威望，这里有桃李满天下的自豪芬芳，叫人怎能不心驰神往！在我眼里，阅读的缺少、学识的不足，是压力，是刺激，更是动力。坐在办公室里，眼前摆着那么多需要看我也爱看的教参书，就像财迷发现了宝藏一样，贪婪得什么都想攫取；听听优秀教师的公开课，我就恨不得一下子变成个李镇西、魏书生；读读教育信息，看看人物传记，就觉得七年的保卫工作损失惨重，就觉得眼前的分分秒秒都是那么的珍贵。

这段文字尽管是我十年前写的真实感受，却仍是我人到中年后的心情写照。从教19年，我最大的骄傲就是一直保持着初为人师的如火激情。我从不盼着下班却享受着上课，从不盼着放假却期待着开学。书本不是无情物，师生俱是有意人。单调的课堂因书香而鲜活，狭小的陋室因书声而灵动。妙语连珠，师生思维的火花点燃了智慧；口吐莲花，启迪思想的光辉照亮了时空。轻盈地挥洒，黑板上传承着历史与文明；无声地交流，作业里镌刻着永恒的鼓励与关爱。看着莘莘学子或手捧一卷静静思考，或唇枪舌剑不甘示弱……此种场面潜移默化地消解着功利和欲望。于是在课堂上，我终于找回了自我，平时不好言谈的我在课堂上豪情万丈，激情飞扬！

写博

每个人都在用不同的方式书写着自己的人生历史。我现在就把"博客"当成了"历史",把"撰稿人在路上"当成了《梁恕俭传记》。望着日渐丰满的博文,那是怎样的一种享受啊!仿佛欧也妮葛朗台在查看他密室中的财宝,仿佛计件工人正在清点自己的产品以便领取薪水;仿佛梦想家的希望正在一点点实现……回顾自己的文字就像凝望自己的孩子,那是非同道中人难以体验的心情。2001年,我在编创完首期校刊后这样写道:今天,我似乎体验了分娩后的感觉。望着呱呱落地的《希望》,回首"五月怀胎"的艰辛,盘点不计其数的收获,憧憬再创辉煌的明天——那种感觉竟和当年在产房里端详我儿子时一模一样……所不同的是:当年等待我的是洗尿布;今天我所想的是再"孕育"。

博客书写着今天的历史,今天的前行也在充盈着博客,在白屏黑字的博客间,我看到自己的人生历史正在一点点变得厚重、充实。近日,整理博客链接时,更是找到了绝佳的榜样,供我学习,供我较量。看看那些成功人士的奋斗历程,就悔恨自己虚度的时光;读读那些文采横溢的华章,就觉得自己特别需要学习,学习,再学习,提高,提高,再提高!见贤思齐,鼓舞我加强修养;只争朝夕,督促我一刻也不敢放松。与之俱来的危机感带来了压力也给予了动力,给了我争分夺秒的紧张,更赐予我无穷无尽的力量。

写博到底为什么?不为名誉,不求财富,就为做个最好的自己,让时光不虚度,让青春有作为。今番博客的盛行给爱好写作者提供了绝佳的舞台。它不仅满足了你的表现欲,日渐丰满的文集还使人有一种成就感。特别是网友的互相交流、切磋、鼓励,使得写博成为一种宣泄、寄托、娱乐。看到那些妙笔生花者日博一文,更是找到了学习的榜样,而榜样的激励作用是无穷的,在互相争鸣暗中较劲的氛围里,思想的火花便随处迸发,美妙的文章也就应运而生了。

教师报编辑一周工作写真

今晚出报,同事们都在加班,我忙里偷闲梳理一下一周工作事项。

周二,上午看报、评报,最清闲。下午,全体例会,主要是八项内容:由"四评组"公布本期报纸的评价,并阐述理由;由六大周刊主编结合"四评"谈得失;采编部主任一周工作评点;小讲座,如关于选题、关于版式等等,我有"金点子",这部分属于自由发言;下周工作计划陈述,主要是八部八组负责人;下周工作部署;经营情况通报。

周三,选题策划,发布征稿启事,电话约稿。同时,设计版式,寻找插图,按规定的时间段找美编排版。其中,约稿有三难:约了人家不写,耽误事;写了无法用,不好收拾;约多了用不了,更不好交代。作者还要地区均衡,各层面兼顾,不能有老面孔。作品也要深浅适宜,讲求搭配,梯度合理,免得同质。

周四,查看来稿,该催的催,该约的再约。同时,筛选、编辑稿件,校对、审核版面。筛选稿件,既要看稿件质量,又得体现编辑意图,还要平衡作者关系,类似走跷跷板。编辑稿件,最怕长句子,读起来感觉别扭,改起来还不好动手。曾经,有篇稿子,是写哪些老师不受欢迎的,作者写了十条,我在编辑时去掉三条,主编审核时又去掉两条,送到领导那里,又有两条涉嫌侮辱教师形象,被拿下。仅剩的三条最后改编成了一段话，相当于原稿只保留了作者和单位地址。

周五，二次校对后，打出清样送"一读"（报社的专业校对人员）。同时，交下下期的稿子，交的稿子要基本成形，有编者按或编后语，如果按严格的流程，还要填写用稿单，写清楚采稿理由，请领导签字。其间，要反复推敲按语与标题，同一主题下的稿件顺序也有很多讲究，一丝一毫都马虎不得。取回"一读"清样，进入修订整改阶段，一般每个版面要改动十处之多，至少打印五次，每次都得重读一遍。为了避免校版"熟视无睹"，漏改错误，通常两个编辑交换版面进行。

周一，当然是最忙的。加班至三点，报纸也要当晚出来。编辑们各负其责，反复校对，瞪大眼睛"核红"。主编们则轮流看版，总编及主任，最后把关。确认无误后，要签字贴条，才算交工。接下来是，填信封，寄样报，还要给头版写"导语"……16个版面，有一个版出不来，或者需要修改，整期报纸就不算了结，就有同事陪着加班。

当然，为了能把工作做好，利用周末，改改稿子，约约写手，就成了分内的事。反正，平时也不考勤，你耽误了出报，第二天走人。好了，就聊到这儿吧，我该回家了。

理想的中国教师报人

我来中国教师报工作整整两个月了,这六十天,我很少睡好觉。有时是兴奋得难以入眠,有时是焦急得辗转反侧,有时是忙碌得夜以继日。但不管怎样,一想到一觉醒来就能出现在中国教育报刊社的大楼里,去做自己最喜欢做的事,就格外兴奋。我不是工作狂,却害怕过周末,我越盼着能挤点时间学习,时间越过得飞快。

作为中国教师报的十九分之一,我感觉特别荣幸,特别自豪。

然而,荣幸感越强,压力也越大。这种压力来自同事的卓越,来自自身经验的贫乏,来自领导的殷切期望。为了一篇"教师职业倦怠"的稿子,我整整两个晚上没能睡觉,改了五次仍不符合要求,可到了晋玉的手里,仅仅半天,脱胎换骨,"丑八怪"变成了"天仙女",特别是翟主任写的"后记",我是越看越佩服,越看越觉得自己连小学生也不如。工作二十年,我从来没有像那天那样沮丧过。不管怎么说,我一路走来也算过关斩将。起初,在两位北大才女面前,我都能保持足够的自信。可随着对同事了解的加深,我越发觉得自己就像井底之蛙,学识也浅薄得可怜。

第一位让我刮目相看的是现在的"大忙人"秋菊,她小试牛刀的《办学山路十八弯》,不仅获得了好几项奖,还让我深深地折服。后来,田华独挑大梁,民办教育周刊愈加出色,真正的巾帼不让须眉。第三位要称颂的是盈盈，说话那么甜，笑容那么美，杂事那么多，版面还弄得那么漂亮！今天，有读者打电话要专门订阅《幼教周刊》，可见盈盈采编的成果是多么的深入人心。"例"不过三，我如果把对每位同事的钦佩都表达出来，自然冲淡了主题。内部人都知道，如果对她们都是"钦佩"，对别人我就只有用"敬仰"一词了。事实上，也确实如此。

记得编辑刘良华的《解读教师培训的"广东样本"》前，世文把原稿给我看，黑压压的万多字，要是我，怎么也理不出个头绪来。可韩主编妙手裁剪，精心编织，最终的版面条块清晰，问题引导醒目，策略回应给力，再加上"链接"与"稿笺"，相映生辉，叹为观止。《现代课堂周刊》的大瑞瑞就更不用说了，我至今还在纳闷，有什么样的头脑能策划出让李主任都赞不绝口的"课改中国行"来？郭瑞荣升副主任，我认为是实至名归。

挂一漏万，我深知对同事品头论足之弊端。可由衷地欣赏与钦佩令我不得不继续说，干练美丽的小解，甜美可人的盼盼，巧夺天工的颖宁——我从来都认为，秀外者必然慧中！而这三位都是公认的美女。小布给我的印象要从一则跟帖说起，她在回应我的话题时说了句"教育关乎自由，无关贫苦"，让我击节赞赏。自此，我开始留意小布的言论，发现她的思维是那么活跃，反应又那么敏捷，身居管理员之位，自然可以"网评天下"。至于高姐姐，那是典型的重量级人物，本期的报纸，她的文章占了近两个版。剩下的两位美眉，全是北京大学毕业的，全是采编部副主任——她们不值一提！（真的，"十"提都提不完，何况"一"提乎？）

再细数几位男爷们，业务娴熟的达人小高，聪明绝顶的才子永亮，英俊潇洒的助理叶飞，纵横捭阖、协调策划的主任老杨……个个独当一面，人人身手不凡。

停笔数了数，只剩两位当家人没写了。我也不用费脑子，就把前天开会的场景略说一二吧。李主任宣布了人事调整方案后，让大家依次谈谈感想，有好几人一张嘴就泣不成声，她们为领导的知人善任而振奋，为"父兄"的敢于担当而感动，为团队的真诚友爱而欣慰……那天晚上，我是八点钟回的家，我走时还有一多半同事在自觉加班。中国教师报人能有这种工作状态，除了李主任的善于激励率先垂范功不可没外，雷总编的高瞻远瞩殚精竭虑，更是让人心动，动心。雷总编为了大家的尊严，向社里申请开"特区"；为了提升大家的收入，想尽千方百计；为了中国教师报的长足发展，又不惜"俯首甘为孺子牛"。

在这么好的同事面前，我唯一能做的就是学习，学习，再学习。近期，我重读《高效课堂22条》，对李主任的崇拜之情无以复加。忝列这个团队，能接受李主任的耳提面命，这是多么大的幸运啊！我唯恐失去这样的机会。本周，李主任布置作业："你理想的中国教师报是什么样的？"作为语文教师出身的我，自然知道前边写得有点跑题。可话反过来讲，《中国教师报》什么样，不正取决于"中国教师报人"怎么样吗？

"我们是中国教师报人，有幸生活在一个教育变革的时代。"我们还有幸遇到了几位好领导，组建了一支"有教育信仰的传媒铁军"，在"三心"、"三力"的锤炼下，《中国教师报》对中国教师发展的"领导力"必然会越来越强。"我们信奉'课改就是从油锅里捞孩子'，敢于担当教育赋予我们的伟大使命。"我们还要不断超越，为信仰而生，为尊严而战。我们牢记"学习即品质，执行即态度，合作即能力"，因为我们是中国教师报人。

有了这样的中国教师报人，"让中国教育因你而改变"，就不会是一句空话。

在我心目中：理想的"中国教师报"，是一份立体式、多元化、交互型的业界龙头；理想的"中国教师报"，是1700万中国教师的必读资料，是教育教学的首选参考，是业余生活的最佳伴侣；理想的"中国教师报",能引领潮流,匡扶正义,革除时弊,以振兴中华为己任。

理想的"中国教师报"尽管遥远,可我们有梦想,有铁质,有担当。不管梦想多么遥远,我们也会用前进的脚步去诉说对她的向往;不管铁质是否纯粹,我们都会自我加压猛火锤炼;不管担当责任大小,我们都会牢记:我们是"为信仰而生,为尊严而战"的中国教师报人!

附 录

附一：突如其来的感动

在香山会馆论坛里看到这样一个帖子：梁恕俭老师的粉丝，来此举一下手！有感于朋友们的盛情，无以为谢，诌几首打油诗助兴。

吕建斌：亦师亦友梁恕俭

人生常常充满着偶然，正是这些连做梦都想不到的偶然，让奋斗的过程变得更加美丽和温馨。——题记

"十点伎俩"印象深。初识梁老师，源于他的文章《貌似厚黑：透给教师的十点伎俩》。2008年学校接宽带，2009年萌发写作的念头，初入网海，便如迷途在浩瀚沙漠中的羊羔，不知从哪里寻找"水源"。一路磕磕碰碰，误打误撞进入人教网，便开始了如饥似渴地阅读，由于不太喜欢阅读论文类文章，所以阅读多为囫囵吞枣，没有多大感觉，刊登在《畅想语文》上的《貌似厚黑：透给教师的十点伎俩》让我第一次有了"触电"的感觉，新奇的形式、简洁生动的行文使我读后兴致勃发，灵感也来了，马上动笔，写出了《反弹琵琶：语文教学小伎俩》，后来，竟然也发表在《畅想语文》上。梁恕俭到底是个咋样的人呢，心里想知道的那个急呀，真是难以形容。

博客搭桥初相识。冥冥中自有注定，不知哪一天，头脑忽然开窍了，何不用百度搜搜，说搜就搜，竟然一下就搜出了梁老师的博客。他的文风我非常喜欢，所有文章在一天中我几乎看了个遍，看着别人的评论，心中也蠢蠢欲动，可就是评论不了，于是尝试建博客。对网络而言，我就是菜鸟，捣鼓几天才成功。然后便迫不及待地在他的《貌似厚黑：透给教师的十点伎俩》后留下了评论："梁老师，我续了一篇，请到我的博客提提意见。"说实话，很冒昧，也很不安。留评后不久，梁老师便来到我的博客，点评了我的《反弹琵琶，语文教学小伎俩》，评论的文字比我的文章还长。

亦师亦友在路上。梁老师博客原来叫"撰稿人在路上"，我们博客互相往来从那时开始。一段时间由于带毕业班，博客我疏于经营，但对梁老师的关注我却一直没有间断，从辞职北上，美澳校报，民办解聘一直到中国教师报任编辑。他的博文形式独特，文思敏锐，观点犀利，文辞优美，几乎每一篇博文都留下了我的"足迹"，我发表的文章里都有他的影子，部分文章直接照搬他独特的格式。一路走来，读他的文章，成了我每日的"功课"。

齐聚会馆大家庭。今年，梁老师被聘请为中国教师报的编辑，在他的指引下，我注册了香山会馆，接连认识了王雪晴、庄华涛、周芳元、张学勇、胥加洲等好友，后来申请了休闲生活版版主，认识了王新国大哥，收获了新的友谊，生活变得更加丰富多彩。在会馆学习、交流、思索……我接受了课改的洗礼，脱胎换骨，今天，我已经彻底融入了中国教师报这个大家庭，开始了一种全新的教育生活。

每个人的奋斗，其实都是对自己人生道路的一种拓宽过程，其中很重要的部分是对自己内心世界的拓宽。这中间，榜样的作用至关重要，梁老师便是我成长路上的榜样，用"博友"根本不足以形容我们之间的关系，他是我的博友，更是我的老师。

恕俭小诗：

赠吕建斌

文武双全吕建斌，坦诚忠厚热情人。
一篇伎俩结缘分，三载悝惜共精神。
莫道无为在歧路，却说同好立程门。
香山聚义红旗举，四海临墙脚步跟。

庄华涛：师者，梁恕俭先生

进论坛，是恕俭先生领进来的。

那天，打开QQ，恕俭先生的头像便在闪烁。点开链接，是恕俭先生为我所设的专帖，心中颇为诚恐。

其实，在论坛我早已注册，但只敢旁观不敢发言。因为感受到自身的浅薄与卑微，缺乏与坛友们交流的勇气与底气。而先生的这一举动，给了我莫大的鼓励，为我打开了另一扇窗。

其实，恕俭先生也只比我大两岁而已。称他为先生，源自内心的景仰与尊敬。初识，是通过博客的。那天，无意打开了他的博客，被他的睿智、真诚、善于思考且极为务实所吸引，便加了他的关注。

一路读来，发现他的文章更新极快，且思考缜密。文章所写的面虽很广，但皆不离"教育"。文章的风格也不尽相同——有实战、有理论，有质朴、有幽默，有理性、有感性，读来十分有味、精到。由此，我根据先生首页所留的QQ加上了他。

初入论坛，用心品味，犹如刘姥姥进大观园，看什么都是新的。此时的恕俭先生，已成为中国教师报的编辑，更为忙碌。但在百忙之中，他并没忘记照料他领进来的后辈。在自己的帖子中时时可见他的点评或鼓励，或长或短，都格外亲切、自然，所提意见也极为中肯。由于先生的鼓励，与我同时到论坛开帖的朋友，大多坚持了下来。

在先生会客厅招募版主时，在朋友的鼓励下，我也鼓起勇气报名参加了。颇为意外地得到了先生的认同，成为会客厅版主之一。在会客厅的这段时间，我受益匪浅。除积极参加会馆的各项活动，有幸与各位可敬的编辑面对面交流，接受他们的指点，说出自己的想法外，我还借助这一平台，认识了更多的兄弟姐妹并逐渐相知相亲。张学勇、吕建斌、周芳元、苟宝、王雪晴、胥加洲、谢华、徐建利、肖学堂、吴其林、宋其利、陈升阳……请原谅我吧，在恕俭先生这儿，我认识了太多太多可亲可敬的兄弟姐妹，不能一一列出，但每个人的形象，都深深地刻在我的心中。

时至今日，虽因论坛需要由先生的会客厅调剂到网友之家，但每天，我都愿意由收藏夹中先生为我所开的专帖进入论坛。因为，每见一次先生那睿智而温暖的眼神，我的内心便会感到亲切与舒畅。

恕俭小诗：

赠庄华涛

自称乡下人，实乃雪阳春。
落笔生佳作，嗜书藏经纶。
任劳惹客喜，本分令师尊。
锦绣前程里，华涛握乾坤。

小眯眼（肖学堂）：勤奋踏实的实力派

早就想写一篇关于梁编的文章了，穷忙，又让别人占了先，只好咬牙顶啊,顶啊,顶啊!是谁夜半改稿,大刀阔斧?是谁得闲就写博汇报工作?是谁不停地和刚上会馆的老师交流?是谁行事低调,办事踏实?是谁高调自称"实力派"写手——亦师亦友梁恕俭,耶!

恕俭小诗:

赠小眯眼

肖小谐音起网名,堂堂校长学白丁。
眼眯看破红尘事,心细执着黑板情。
引经逗趣思维快,据典拾遗学问精。
现代课堂谁做主,班级在线靠你行。

陈升阳:值得崇拜

我举手!能让我心生崇拜的人,我甘愿当他的粉丝。

第一次接触梁编,是在博客,最让我崇拜的是他坚持了十年的"每课一诗"。(坚持行动的人,值得崇拜!)

第二次接触梁编,是在论坛,最让我兴奋的是他给予了我第一个"精华帖"。(感恩给予自己第一次的,是我潜意识的信念!)

第三次接触梁编,是在 QQ,最让我崇拜的是他身为编辑仍不忘自己曾经的教师身份,作为"中国教师报人"呼吁"现代课堂的改革"。(有立有破,有破再有立,为理想而改革的人,值得崇拜!)

恕俭小诗:

赠陈升阳

后来居上陈升阳,倒水端茶任你忙。
顶帖甘当跑腿客,论坛又作先锋郎。

> 好学自喜书山陡，勤奋恰嗔闲空长。
> 如日中天终有际，吾等刮目映霞光。

月上西楼：梁编引我进会馆

哈哈哈！班级在线的老师都叫我楼哥，其实我是楼姐。这得赖梁编给我注册的时候愣是把我给变了！嘿嘿——

梁编把我引进香山会馆，说实话，我很忙！可梁编那种拼搏精神促使我每天不由得来看文章，忽悠忽悠。于是，渐渐喜欢上这里，还做了版主。很荣幸！这里不仅有好的文章可以给我们启发，还有编辑们那种实干精神无时不在影响着我的行动……

感谢梁编带我走进会馆，感谢梁编选我做版主，感谢我走了又回来。

恕俭小诗：

赠月上西楼
月上西楼难入眠，绞尽脑汁为论坛。
待到班级人气旺，头功当数俏红颜。

外一首
话语俏皮美女郎，哭哭闹闹皆芬芳。
人家举手你抬脚，恰显顽心乐徜徉。

坤子：梁老师为我打开一扇门

"初识梁老师，源于他的文章《貌似厚黑：透给教师的十点伎俩》。"我也是因为这篇博文引起的好奇和喜欢加了梁编关注，后来总是悄悄地来悄悄地走，从不留下一片云彩，呵呵。后来到梁老师加入中国教师报了，看到那篇热情洋溢的《来中国教师报第一天》，一下子也让我那久违的梦想鲜活起来，到了非说不可的地步，于是留了评论，写了博文。梁老师竟然热情回复，还说希望在撰稿上多交流，看到回复我脸红得很，那时候我还没有文字见诸报端，进入 2011 年开始试着投稿，但是还没有回音，最不可思议的是梁老师竟然和我约稿，要我写写和国培有关的文章，虽然那篇文最终被"毙掉"，但那是开端，是打开我自己，更是打开另一扇门的钥匙，后来注册会馆，梁老师在会客厅开专帖时我竟然是第一个，那个激动啊，从此我找到了回家的感觉，更结识了众多的家人。

恕俭小诗：

赠坤子

客厅扎寨第一人，无故无缘格外亲。
难道共鸣生旧意，怀疑同好惹新闻。
手足还有隔阂闹，姐弟竟无离间分。
网络知音虚胜实，叶公好龙假亦真。

东方一木：课改引路人

"我不在床上，就在网上，当然，还可能离线写博客！"这或许就是梁编的写作境界。与梁编结识源自《中国教师报》评论版，当看到话题讨论后，就萌生了参与的念头，从回复中知道了梁编的博客，所有录用的文章、话题尽在其中，并在梁编的指引下，进入会馆，并成为会客厅的版主，参加香山夜话，发帖、回复、交流，在论坛把自己写作的爱好与对教育信仰铺展。

时间在游走，情谊在加深。读梁编的文字，读梁编的评论，读梁编对课改的解读，读梁编对杜郎口中学的体验，个性化文字里充盈着一种教育人的率直、对课改的执着、办学的理性。不在床上，就在网上，或是离线写博客，这就是教育媒体铁军的真实写照。他用心用情用功用力践行课改，推进课改，课改因他的加盟而虎虎有生气！

写下这两段文，是为敬佩，更为推崇。

恕俭小诗：

赠东方一木

东方一木吴其林，直面交流时间贫。

沉默寡言事权贵，和颜悦色待平民。

风头隐匿激流退，榜首让贤修养深。

小试牛刀写报道，得心应手服嘉宾。

附二：这就是我坚持写博的动力

陈少燕

梁编，您好！今天学生在期末考试，我一直徜徉在您的博客里。很感慨您丰富的经历、犀利的时评以及饱含文采的字句里所传递出来的热情，也感染我在岁末盘点和您走过的差不多的时光里的收获。我留下了什么？除却惭愧、后悔外，似乎再也找不到其他的了。但是看着看着，我似乎汲取了力量，能从文字中看到您正激情满怀的振臂高呼似的。我会继续看，请您继续将激情与热忱投射在文字中，我看着您的博客前行。不是赏识，是敬佩！

缤纷岁月

可惜孤陋寡闻，只恨相识太晚！无论是教学方法的归纳总结，还是育人的别具一格，只觉一种久违的真、善、美和智。我也将您的博客推荐给儿子，儿子感言：有这样的老师真是一种幸福。儿子今年刚上初中，也算爱点文学的写作上却有些懵懂，无奈老师只是单纯写篇文章而已，不说评讲，连评语都没有。明天语文期中考试，点开其中几篇文章，儿子大呼过瘾，甚至连评语都不放过。然后看着我的脸说："原来中学生这样写文章。"感谢，祝一切都好！真心希望这类的博文不断更新。关注！

激情飞扬

我很喜欢老师的文章，无论是课堂教学还是学校管理对我都有很大启发！提前祝梁老师元旦快乐！

一位郑州郑东新区中学的新任校长

邵昌菊

一定读了太多太多的书，你的文字才会这么文采激扬。一定积淀了多年麦穗的麦香，你的底蕴才会这么厚重绵长。一定经历了太多太多的经历，你的意志才会这么不屈和坚强。恕俭，你是同学，不，你更是良师，是益友！多少年了，我对自己说，算了吧，就这样了吧，所以平庸，所以无为，所以彷徨。继续探究，求师问道，路漫漫其修远兮，吾将上下而求索。今后吾应以你为榜样，继续向上，向上，向上！谢谢你，同学！

阳光心灵

为了中国教育事业的发展，为了教师的成长，您倾心尽力，感动于您的虔诚与执着。因为自己不会注册登录，您及时伸出援助之手，感动于您的礼贤与平和。作为教育人，我会追寻你指引的轨迹……

天柱星云：有人善意提醒我看博一定要评，那是礼貌。我今天一天都流连在您的博客里，却没办法评一个字，不是不评，只感觉自己说什么好像都是苍白的。五分钟之前，窗外飘来北瓜（有地方叫南瓜）的香味，猛然间想起自己二楼的厨房里正在煮北瓜，飞奔下楼，焦味弥漫整个厨房，急忙关火，强制冷，还是不行，北瓜和锅一起成了垃圾。事实胜于雄辩：你的博客多么精彩！

博主回复：看了此评，我是哭笑不得。开博四年来，像您这样热情迷恋的粉丝真不多,我都想赔您一口"南瓜锅"!

碧水茜苑:梁老师,孩子能有您这样的老师我感到非常放心,很佩服你的文采,也很有教育方法,作为家长我加了关注,和老师一起关心孩子成长。

博主回复:教育心理学告诉我们:教育者与被教育者难以避免存在一种心理距离。教育现象也启示我们:师生感情疏远与相隔必然会影响教育的效果。缩短师生间的心理距离是有效教育的出发点。心理辅导既是理智的传递,又是情感的交流,容易增进师生间的情感,为有效教育奠定良好的基础。我们不仅仅要做让学生喜欢自己的教师,更要做善于让学生向自己披露内心世界的教师。

葛兆广:在我的心里你一直也是我的同学。虽然我们曾同事相处,且我是所谓的学校"领导",但在我的内心深处你是我最最敬佩的兄弟!最重要的是你的人品对我的感染(抑或说是感化),还有你的才华!你离开美澳后,我和其他同事特别特别的想念你,这不仅是因为我们的感情难以割舍,也因为你的北上给我带来工作上的困难——多么长的时间里校报搁浅了!(我这样说是不是把工作和感情颠倒了?我说不清了。)富有爱心的你,精力充沛的你,教学上有心人的你,学生和同事都很敬佩的你一定会有一个 bright future!

博主回复:看了好久,不知如何回复,确切地说不知如何表达对你的感激。即使没有那层同学关系,你也是我最敬重最欣赏的领导,我钦佩你的才学,敬仰你的人品,更羡慕你取得的成就。美澳四年,如果说有什么难以割舍的就是兄弟们之间的情谊。三年前我回美澳是你热情款待;一月前我妻侄退学你更是跑前忙后;节假日你的祝福短信总是发在我头里……说实话,真想再跟你干几年,再次体验那种荣辱与共的创业情怀。幸好，有网络让我们彼此关注，祝你牛年牛气，万事如意！

斯特刘：梁老师，您好。请接收一个家长由衷的感谢。这孩子自从开博以来第一次遇到您这样一位乐于助人的好老师。我也纳闷一向性格内向的他会在相识极短的时间向您求助，更不敢相信您不仅用极快的时间帮他改好稿子而且给予认真的点评和教诲。这让我们这些做家长的自惭形秽。因为我们自己也没像您这样认真对待孩子的要求。他的博客我们也看到了不小的进步，有些时候想给一些帮助可心有余而力不足，也时常找到一些亲朋好友甚至他的语文老师来点评博文。可以说到目前为止没有一位像您这样认真负责。只言片语点评一下都让我们心存感激。所以为孩子遇到您这样一位好老师而庆幸，更是羡慕你班上的学生，因为他们近水楼台。暑假孩子会去北京学习，不知您是不是有时间见面。希望面谢。

博主回复：呵呵，抬笔之劳，何谢之有。言重了，欢迎联系。我会继续关注他的博客，了解他就是了解我的教育对象，对我以后的教育教学有百利而无一害。

凌冰：喜欢东坡先生的文字，喜欢老师的文字。

博主回复：当老师的，还有比学生喜欢更欢喜的事吗？谢谢你！

萋萋芳草：梁老师，虽没有亲自听过你的课，但通过你博客中的系列看出了你真的是一位很优秀的班主任和语文老师！要知道，有很多过程内容是无法凭空虚构的。能当你的学生，真是幸运！真才实学加实干巧干，严中有爱加善言幽默。

博主回复：谢谢你的高度评价，您是本博关注最久留言最多的同行，谢谢您的一贯支持。我只是按自己的兴趣做事而已……

小小愿望：要是你是我的老师那该有多好！充满智慧，文笔老练，性情温和，真实谦逊，指导有方……多么好的一个老师喔！

博主回复：谢谢你的欣赏，我愿更加努力。

同行：谢谢，好久没有这么饱餐过了，真是美味佳肴呀。我的脑子里也经常会闪出类似的念头，可从未让它们成文，感觉您都帮我说了。我把你的文章打印出来给学生看了，呵呵。

博主回复：您的饱餐之喻是对该文的最高评价，谢谢你的赏识。

落水鬼：梁老师，好久不见了，自高一后一别，已是四年有余。时常思及您，并为能成为你的学生而感到有幸。不是奉承，而是真的心有感触，您不拘一格的诗词和别致的日记评论，可以说是我如今仍然喜欢写字，甚至一度想要走专职写文道路。今日一班同学聚会，方知您有开博，遂屁颠屁颠地前来拜会。并送上虎年祝福：祝您虎年大吉！虎虎生威！龙腾虎跃！

王超：梁老师终于找到你了！三年多没见了，特别想念！看到《十四岁》这首诗，又想起我刚到美澳读初中的情景了，记得我把这首诗抄在日记的扉页上。至今仍保留着经您批改过的日记。一句句真诚的鼓励的话语，一首首美丽的诗作……闲来无事时拿来看看，感觉那是我最大的快乐。那时您对我的帮助，感激之情无以言表，真的！每当回忆中学往事，时常就会想起您——我最敬佩的老师！

附三：谁见过如此奇特的语文老师

作者：遥知不是雪

七年前，"教育在线"有两条点击量很高的帖子，标题分别是《每课一诗：谁见过如此奇特的语文教师》、《孤魂苦旅：一个不务正业老师的内心独白》，每栋"楼"都盖了数千层，吸引了许多关注的目光。这两条帖子的楼主就是本文的主人公……

一则评论引发的好奇

一个月前，在李镇西老师《冬天的童话》博文后，有一条评论吸引了我的注意："洋思中学，您肯定听说过，现在他的同门兄弟'××××中学'，每天有数百人参观，被誉为'河南教育的名片'，'……校长培训基地'，您要去看看，会让您惊掉眼镜的。我刚从那儿回来，写了两篇文章：《可歌可'泣'的河南教育名片》、《××××中学是民办还是'神'办》，期待您的指点。您没时间看也没关系，我可以告诉您答案：就是将您的追求加上负号，再原点对称就OK了……"

我深受"洋思中学"的影响，又在实践中产生了许多疑惑，现在，有介绍洋思式教育方法的文章，而且是现场亲历，我岂肯放弃了解的机会？这则评论吸引我的还有一点，就是语言和语气。淡淡的牛气，淡淡的嘲讽，淡淡的油滑，但又不失真诚。在那么多或认真或激愤的评论中，这条评论，给人耳目一新之感。

顺着评论中的信息，很快就找到了这两篇文章。文章语言风趣，作者基本上是客观的叙述，少有主观的评论，更没有当下风行的愤青，但是，作者的观点，却非常鲜明，更可贵的是，作者的担心和忧虑，可以说是力透纸背。听过那么多关于洋思的介绍而仍然云里雾里的我，看过这两篇文章以后，似乎对这类型的教育有了一个清晰的印象——我想到的是路边的绿篱，修剪得整整齐齐，甚至还栽成各种形状的图案，美丽极了。但是，每当看到园林工人举着大剪子对着它们的时候，我就心如刀割。

文章我反反复复看了好几遍，也一直在思考：这样的教育，到底是谁在受益？要知道，没有受益者的事物是不可能有存在的空间呀。但，这样的问题，不是我能思考得了的。看完这两篇文章以后，勾起了我看其他博文的兴趣。文章不说篇篇精彩，却也很对我的胃口。

还有多么爱，可以站讲台

茫茫博海，读到投缘的文章，自然想了解作者的身世。他也善解人意，专门设了个"身世游历"栏目，且将相关博文全连成串，顺藤摸瓜，很容易走进他完全敞开的心房。他18岁师范毕业，教了一年初一数学，那么的兴奋，那么的喜爱，那么的出色。按理，这是难得的一位把教育当事业而深深热爱的人，将来一定是教育人的骄傲。但是，鬼使神差，一纸调令，把他从三尺讲台拖到了县城一所中学保安的位置，而且，一待就是七年。

七年的疏远，完全可以浇灭一个人对所珍爱的事业的热度，而他，却在这七年里，读书，进修，不断给自己充电，为再一次登上讲台积蓄力量。七年里，他没少争取上讲台的机会。不知怎么回事，每每看到他的"代课申请书",就有某种东西模糊我的视线。功夫不负有心人,苍天眷顾执着客。七年的"不务正业",不但没有荒废他的"教业",还让他一上讲台就有一鸣惊人之势,他立即成了一位深受学生欢迎的好老师,并以一篇《三尺讲台,我挚恋的情人》的演讲,打动了无数同行的心。

按理来说,老师的职业现在为很多人所不齿,在职老师对自己的工作厌倦成风,好不容易有人这么喜欢,就应该让他在讲台上站个够。但,他却偏偏"娶妻随妻",丢下公职,追随不断上调的妻子,先省漂,后北漂。漂泊的日子,第一选择还是教育。公职也好,"私职"也罢,只要干着教育,同样过瘾!也许,一个优秀的老师,就是在这样的漂泊中练就的。

真情在,男儿有泪也轻弹

大多博客写喜不写忧,或戴上面具才敢畅所欲言倾诉真情。而他不,纯粹一颗"玻璃心",让人一览无余。看到《七七事变:我被突然解聘了》,我都哽咽无语。命运为什么总是捉弄人呢,一个那么热爱讲台的人,为什么总要把他从讲台拽开?被解聘,带来的还有另一层痛苦,这是一种"黑人"遭受不公平待遇的痛苦。我也有过两年"漂"的体验,他当时的那种感受,我想我能深深地体会,即使现在读来,也涌动起无限的辛酸。得知他将离开,喜爱他的孩子们写来很多留恋的文字,我想,这对当时的他来说,应该是最好的安慰。其实,无论多么坚强的人,总有软弱的一面。面对逆境,真诚的安慰是最大的精神支柱,何况,这份安慰,来自他深爱的学生。

循着那篇博文往上看,发现他一直没有停止笔耕,而且强迫自己"每日一博",虽然也时不时流露出被解聘的痛苦,但是,却没有打垮他,更不怨天尤人。所幸他很快找到了工作,虽然没有直接上讲台,但是,却站在一个更高的平台上，为教育服务。

每课一诗，信手拈来技一绝

读他的博客，除了对他的传奇人生感兴趣以外，对他的一课一诗可以说是非常佩服。对我们这些浅陋的人来说，诗，简直只能放在神坛上让人顶礼膜拜，读的时候，有一种虔诚的神圣感。他却将每篇课文都写成了诗，虽说是一课一诗，其实，很多课文，有一串的诗。不只是课文写诗，我看他在回复别人评论的时候，也常常用诗。我在想，他的生活中是不是到处是诗，它们就如空气一样，充斥在他的周围，要的时候，随手拿来就是。如《藤野先生》一文，就有这样一些小诗：

批清国留学生
甲午马关赔巨款，尔离辛丑没几天。
不思救亡图存事，偏爱油光鉴粉脸。

赞鲁迅
独在异乡为异客，弃医从文志救国。
横眉冷对何所惧？我以我血誓拼搏。

匿名信事件
狗眼看人总是低，及格分数惹怀疑。
骄兵狂妄必遭谴，卅载河东转河西。

看电影事件
枪毙同胞竟喝彩，呜呼何事更悲哀？
不医健壮救愚弱，实乃民族幸运来。

评藤野先生
普普通通一先生，关怀鲁迅化寒冰。

不是雪中肯送炭，哪能青史留美名？

《藤野先生》

物以稀为贵，人因才受尊。
东京贬清貌，暗显立鸡群。
仙台受优待，铺垫藤野纯。
掌故添真切，讲义受严训。
民族无偏见，弟子如关门。
师爱议俗风，生怜谈经论。
弃医治麻木，从文救迟钝。
惜别情依依，别意泪滚滚。
杂乱似形散，神聚实紧捆。
再记朝花拾，散文加鲁迅。

这些小诗，高度凝练，无论是人，还是事，都精炼而准确地对其特点进行了概括，再加上诗这种形式，我想学生肯定非常喜欢。他的一课一诗，好像涵盖了小学、初中、高中每一个阶段。什么事情，去做，不是很难，如果坚持下来，就不是那么简单了。除了佩服他的才华，也不得不佩服他的坚持精神。

无端入迷，角色课堂开新篇

在他的博客里，还让我初次接触到了一种新的教学模式——角色课堂。起初，没有怎么引起我的注意。老实说，对于模式，我已经到了麻木的地步，我总觉得，教学，一讲模式，就框死了。但是，后来看了几堂角色课堂的实录之后，觉得角色课堂还是有其可取之处，至少，有些对我的胃口。因为，我是一个很喜欢引导学生细细阅读文本的人，我不太注意那些课后和练习册上的练习,我认为,语文的学习,如果太注重那些题目的话,味儿就淡了。语文老师的责任,就是激起学生读书的兴趣,让他们喜欢读书,喜欢表达自己的感受。而角色课堂,似乎就是针对我的这些想法设计的。

刚好我们在期末考试完了后,还要上一个星期的课,其他老师觉得学生考试已毕,心早已飞了,不好上课,反对的声音很高。我却觉得,这是一个绝好的机会,我可以利用这个机会向学生介绍角色课堂。我用角色模式上了节《安恩与奶牛》,学生反映非常好,更坚定了我要搞下去的决心。

那段时间,我脑子想的全部是角色课堂。只要有时间,我就泡在他的博客里,看那些相关的文章和课堂实录。我记得,元旦那天,我一直泡在他的博客里。第二天,我一有空就去了他的博客,从下午三点开始,一直到晚上十点还在那儿泡着。读别人的博客,如果对我的胃口,我喜欢一读就读个底朝天。但是,读他的博客,尽管我在里面泡了这么长时间,却还是无法读到底,800多篇博文不是一个小数目。留着吧,就当是我的后花园,一有时间就来逛逛,因为这儿风景确实不错。

附四：遥远的春天

作者：刘昕

人是健忘的，随着时光的流逝忘记欢欣、忘记悲伤、忘记恩情、忘记仇恨，但是时隔十年，我却忘记不了那段如沐春风的岁月。可惜当时少年懵懂，并不能体会那短暂岁月的弥足珍贵。时光悠悠，它永远地成为我记忆深处魂牵梦萦的遥远的"春天"……

那是一个秋高气爽的九月，在充溢着新书香味的教室里，一位英俊干练的老师迈上讲台，潇洒地在黑板上写下漂亮的三个字"梁恕俭"，那时候真的没想到，这三个字会影响我这么大这么远。

就这样，你成为我的初中班主任，我开始熟悉老师的笔体，熟悉老师的声音，熟悉老师冬天戴着的大大的手套和厚重的军大衣，熟悉老师那个没有后视镜的"小踏板"，熟悉老师在篮球场上吐着舌头上篮的姿势。爱屋及乌，你的每堂语文课我都很期待，课堂上真的希望时间停滞，特别害怕听到下课铃声。你上课的方式很特别，你的"每课一诗"在学生中反响强烈，于是我们的日记里也亦步亦趋地出现了蹩脚的诗文。让我们欢欣鼓舞的是，我们蹩脚的诗文每每都能得到你大篇幅的评语，语气真挚恳切。同学们看着自己日记本里一整页红色的评语，积极性高涨，创作量日益攀升。现在想想，当时我们班级里诗歌的创作量在同类学校里绝对名列前茅。

作为班主任，你不光搞好语文教学，而且关注同学们的全面均衡发展,你搞的月综合评定就是一个例子。老师,你不知道吧,你搞的第二次月综合评定着实改变了我很多很多。1999年10月的一个下午,我们班第二个月综合评定成绩公布。说实话,我从小学开始在学习上并不上进,学习成绩就像老和尚的帽子——平平踏踏,进了初中还是这样,从来没把自己当成优秀学生。成绩公布时,没想到你念到的第一名却是我。我迷迷糊糊地走上讲台从你手中领取"奖品"(《中华少年》和《少年天地》的杂志),接过"奖品",封面上有你工整漂亮的字迹"奖给刘昕:第二月综合评定第一名"。当时我真的不敢相信自己的眼睛,不,我更不敢相信的是我的实力。我真有这个实力考第一名吗?这是真的吗?从那次以后,我就更加严格地要求自己,在班级的各类考试中屡次夺冠。时至今日,每当我翻阅那一大摞你奖给我的杂志时,我都在怀疑当初你是不是为了激励我而故意把我排到第一名。如果真是这样的话,我由衷地佩服老师的预见力,同时我也为自己到现在还没做出什么成绩回报老师而感到惭愧,白白让老师用心良苦、付出这么多……

当时学习虽然用功,但是我也有懈怠的时候。每到周末,你总是布置极少的作业,就是A4纸的本子写三页的生词。有一次我贪玩,把你布置的作业忘到脑后。周一你检查作业时,我没办法就拿上周的作业冒充。你的脚步越来越近,我的心跳得越来越快,你过来拿起我的作业本,我连头都不敢抬,深深地埋进书里装作若无其事地背书。我感觉你这次检查作业的时间明显变长了,当时我就知道你肯定发现我弄虚作假,正准备站起来接受你的批评,没想到你缓缓地放下我的作业本,继续检查其他同学的作业。当时真的希望老师狠狠地批评我一顿,但是这种无声的批评胜过无数次声色俱厉的说教,我感觉我欠老师的不仅仅是三页纸的生词这么简单,我欠老师的是信任,是诚实,真的辜负了老师对我的期望。

说起诚实,还有一件事。有一个中午,我很早地来到教室,见教室里人很少,就和一个同学把讲桌当球台打起来乒乓球。正打的兴起,谁知我一个反手击球，正巧球拍磕到黑板上，其中一块玻璃黑板立刻裂了几道缝。我吓坏了，扔下球拍跑到操场想办法。最后还是决定一口咬定"不知道"。最后你把我叫出去说了好多话，我终于承认黑板是我打坏的。晚上回到家还是没敢和父亲直接说，第二天上学之前在桌子上留了个字条和父亲说明事情的原委。中午放学时，父亲告诉我，梁老师已经替你把这块黑板赔上了……泪水盈满眼眶，滑落脸庞。

美好的时光总是过得很快，不知不觉马上到了初中三年级了。开学那天，正期待你给我们做开学总动员，没想到新来的刘老师说你调走了。班里立刻安静了下来，所有的人都感觉这来得太突然。我们恨，恨你的不辞而别，恨你前两年教得太好把我们这群孩子惯坏了。

再次见到你的时候我们正面临中考，面临择校。一天中午快要放学的时候，你拿着美澳高中的招生宣传册来到我们教室，再一次见到久违的老师，同学们都很兴奋。你向我们问好，向我们介绍了美澳近年来的高考情况，让我们一定要做好这个关系一生的选择。最后因为家庭原因，我还是没有听老师的劝告，选择了其他的高中。事后，你几次打电话到我家里来希望我能做出改变，结果我还是坚持我的选择。现在想来，虽然我的高中学习和高考都不很顺利，但是我不后悔我的选择。正是因为这个固执的选择，我进一步认识了你，我由衷地感恩这段师生缘。

我高中毕业的时候，正巧是你和家人移居北京，那年我考上了一所二本学校。到今年，我已经有五年没见过你。前一段时间在网上找到了你的博客，读到你的文章，看到你的照片，往事就像一张张剪贴画浮现在我的脑海，播放着我的快乐和忧伤。时间走到2009年的岁末，想起那段闪亮的过往，虽然只有两年，虽然这两年依然有酷暑寒冬，但是在我的记忆深处却永远如春天般温暖。往事如风呼啸而过，有几分心酸，有几分鼓舞，写下这段支离破碎的文字，纪念那段遥远的四季如春的岁月和那段难忘的师生缘。

图书在版编目(CIP)数据

教育诉状与理想教育/梁恕俭著. —济南：山东文艺出版社，2013.5
ISBN 978-7-5329-4048-6

Ⅰ.①教…　Ⅱ.①梁…　Ⅲ.①中小学教育—文集　Ⅳ.①G63-53

中国版本图书馆 CIP 数据核字(2013)第 046912 号

教育诉状与理想教育

梁恕俭　著

主管部门	山东出版集团
集团网址	www.sdpress.com.cn
出版发行	山东文艺出版社
社　　址	山东省济南市英雄山路 189 号
邮　　编	250002
网　　址	www.sdwypress.com
读者服务	0531—82098776（总编室）
	0531—82098775（发行部）
电子邮箱	sdwy@sdpress.com.cn
印　　刷	山东德州新华印务有限责任公司
开　　本	710 毫米×1000 毫米　　1/16
印　　张	19　插页/2
字　　数	228 千字
版　　次	2013 年 5 月第 1 版
印　　次	2013 年 5 月第 1 次印刷
书　　号	ISBN 978-7-5329-4048-6
定　　价	32.00 元

版权专有，侵权必究。如有图书质量问题，请与出版社联系调换。

做新教师，从教育发现开始

教育发现